Selbsthypnose

Heilen mit dem Unterbewußtsein

Gerhard Leibold

Selbsthypnose

Heilen mit dem Unterbewußtsein

Konzentration und geistige Leistung fördern

Körperliche und seelische Beschwerden lindern

Kreatives Streßmanagement

MIDENA

Der Autor: Gerhard Leibold, Heilpraktiker und Psychotherapeut, ist international bekannt als Autor von über 400 Büchern zu medizinischen und psychologischen Themen. Er ist Gastdozent für Naturheilkunde und psychosomatische Medizin an ausländischen Akademien und ständiger Mitarbeiter in- und ausländischer Fachzeitschriften.

Hinweis: Die Inhalte des vorliegenden Ratgebers sind sorgfältig recherchiert und erarbeitet. Dennoch kann aus rechtlichen Gründen weder vom Autor noch vom Verlag eine Haftung oder Gewähr übernommen werden.

Die Deutsche Bibliothek – CIP-Einheitsaufnahme

Leibold, Gerhard:
Selbsthypnose : Heilen mit dem Unterbewußtsein ; Konzentration und geistige Leistung fördern ; körperliche und seelische Beschwerden lindern ; kreatives Streßmanagement / Gerhard Leibold.
– Augsburg : Midena, 1998
ISBN 3-310-00470-8

Midena Verlag, Augsburg

Redaktion: Franz Leipold
Abbildungen: Hanns-Michael Schindler S. 11, 13, 14; Mauritius/SST S. 2, –/Arthur S. 108, –/AGE S. 118, –/Bayer S. 133; Image Bank/Michel Tcherevkoff S. 19 –/David de Lossy S. 47, –/Barros & Barros S. 55, –/Peter Hince S. 143, –/Britt Erlanson S. 153, John Adriaan, S. 44
Umschlaggestaltung: S/L Kommunikation
Umschlagfotos: P.V./Bavaria
Druck und Bindung: Offizin Andersen Nexö, Leipzig – ein Betrieb der INTERDRUCK Graphischer Großbetrieb GmbH

Printed in Germany

ISBN 3-310-00470-8

Inhalt

Vorwort

Hypnose erzeugt bei vielen Menschen zwiespältige Vorstellungen. Einerseits sagt man ihr wahre Wunder nach, andererseits fühlt man Unbehagen bei dem Gedanken, dabei **willenlos manipuliert** zu werden. Fanatische Gegner der Hypnose sprechen ihr gar jegliche Berechtigung als Heilverfahren ab, obwohl gerade sie häufig zu wenig darüber wissen.

Aus meiner langjährigen praktischen Erfahrung verstehe ich, daß diese Vorstellungen in erster Linie auf unzulänglicher Information beruhen. Von der Hypnose wissen die meisten Menschen nur, was sie vielleicht einmal bei einer Hypnoseshow im Fernsehen erlebten, oft noch ergänzt durch reißerisch aufgemachte Berichte, die gelegentlich in den Medien auftauchen. Das alles trifft nicht zu. Die Hypnoseshows haben mit seriöser medizinischer Hypnose wenig zu tun, Schauergeschichten zum Beispiel vom willenlosen Mörder in Trance sind frei erfunden. Alle diese Fehlinformationen verhindern jedoch, daß Hypnose häufiger in der Praxis eingesetzt wird.

Gegen Vorurteile kommt man schwer an, die Gegner der Hypnose lassen sich auch durch sachliche Informationen nicht überzeugen. Das vorliegende Buch richtet sich in erster Linie an die wachsende Zahl der Menschen, die der Hypnose grundsätzlich aufgeschlossen, aber noch unsicher gegenüberstehen. Sie erfahren hier, auf welchen Grundlagen die Hypnose beruht, wie sie durchgeführt wird und wirkt. Danach können Sie sich selbst eine fundierte Meinung bilden und entscheiden, ob Sie sich auf einen Versuch mit der Hypnose einlassen wollen.

Die verbreitete Angst vor der Fremdbestimmung in Trance, verbunden mit dem zunehmenden Bedürfnis nach mehr Eigenverantwortung für die körperliche und psychische Gesundheit, verhilft seit einiger Zeit der **Selbsthypnose** zu wachsender Bedeutung. Tausenden von Menschen vermittelte ich im Lauf der Zeit in meinen Einzel- und Gruppenkursen bereits die Techniken der Autohypnose. Die dabei gewonnenen Erfahrungen liegen diesem Buch zugrunde, insbesondere die Tatsache, daß die meisten Menschen zur Selbsthypnose in der Lage sind. Letztlich beruht sie ja auf natürlichen körperlichen und seelisch-geistigen Reaktionen, die wir im Alltag unwillkürlich immer wieder nutzen. Der Unterschied zwischen dieser **Alltagshypnose** und den hier vorgestellten Methoden der Selbsthypnose besteht lediglich darin, daß letztere bewußt und systematisch eingeübt werden. Das verbessert die Wirksamkeit und bewahrt vor vielen Fehlern und Mißerfolgen.

Selbsthypnose, das lernen Sie in diesem Buch, erfordert keine besonderen Fähigkeiten und hat nichts mit okkulten Praktiken zu tun. Es handelt sich dabei um ein uraltes, mittlerweile wissenschaftlich gut erforschtes Heilverfahren, das sich der natürlichen seelisch-geistigen Selbstheilungsregulationen bedient. Sie aktiviert und konzentriert die Kräfte und Energien des Unbewußten so, daß ein gesünderes, glücklicheres und erfolgreicheres Leben im Einklang mit sich selbst gelingt.

Freilich erschließen sich diese Chancen nur dem, der Autohypnose regelmäßig und konsequent als praktische Lebenshilfe einsetzt. Wenn Sie dazu ausreichend motiviert sind, sollten Sie sich auf das Abenteuer der Selbsthypnose einlassen – andernfalls erleben Sie Enttäuschungen und Mißerfolge. Auf diesem Weg will dieses Buch Ihnen ein verläßlicher Begleiter sein. Ich wünsche Ihnen dabei guten Erfolg.

Gerhard Leibold

1 KAPITEL Geschichte der Hypnose

Die Hypnose gehört zu den ältesten Heilverfahren der Menschheit, weil sie auf natürlichen seelisch-geistigen Vorgängen beruht. Trotz dieser langen Tradition entstanden erst an der Schwelle zur Neuzeit die Grundlagen der wissenschaftlichen Hypnose, auf denen auch die heute gebräuchlichen Theorien und Techniken beruhen.

Im Lauf der Jahrtausende erlebte die Hypnose ein wechselvolles Schicksal, drohte immer wieder in Vergessenheit zu geraten. Diese Gefahr ist vorläufig gebannt, denn in letzter Zeit gewinnt das Heilverfahren enorm an Bedeutung.

Erste Anfänge

Ursprünglich wurde die Hypnose bei religiösen Kulthandlungen eingesetzt.

Die Ursprünge der Hypnose lassen sich heute nicht mehr nachvollziehen. Vermutlich entstand sie im Altertum in verschiedenen Kulturkreisen und diente zunächst religiösen Kulthandlungen. Überliefert sind zum Beispiel Vorstufen der Gruppenhypnose aus dem 6. Jahrtausend v. Chr., die durch Tänze und Gesänge zur religiösen Ekstase führten. Dieser Kult blieb bis heute bei manchen Naturvölkern lebendig, vor allem bei den Eskimos am Polarkreis.

Etwa 3000 Jahre v. Chr. erlebte die ursprüngliche Hypnose ihren ersten Höhepunkt im alten Ägypten. Die Priesterärzte der Pharaonen nutzten hypnotische Techniken, um Dämonen und böse Geister auszutreiben. Diese Vorstellung erscheint uns heute zwar fremd, aber im Grunde führte man schon damals eine Form der Psychotherapie mit »innerer Reinigung« (Katharsis) durch, um verdrängte seelische Inhalte zu Tage zu fördern und abzureagieren.

Hypnos und Thanatos, der Schlaf und der Tod, mit einem Verstorbenen

Im 2. Jahrtausend v. Chr. gelangten die Hypnosetechniken dann nach Griechenland und zu der akkadischen Hochkultur am Euphrat. Die griechischen Ärzte wendeten den hypnotischen Heilschlaf an, der zum Teil in Tempeln durchgeführt wurde, während die Akkader bereits gezielte Suggestionen einsetzten. Aus der griechischen Religion stammt auch die Bezeichnung Hypnose, denn Hypnos war der Gott des Schlafs.

Aus dem übrigen Europa gibt es keine Überlieferungen zur Hypnose aus dieser Zeit. Später begründeten zwar einige christliche Mystiker Techniken zur Versenkung, die jedoch ausschließlich in der Religion, nicht zur Therapie verwendet wurden.

In Asien und im Orient entstanden andere Methoden zur tiefen Versenkung, zum Beispiel die Yogalehre. Diese beruhen zwar auf ähnlichen Grundlagen wie die Hypnose, aber die Techniken weichen deutlich davon ab.

Paracelsus, berühmter Arzt und Naturforscher

Erst mit dem berühmten Arzt **Theophrastus Bombastus von Hohenheim**, bekannter unter seinem Humanistennamen **Paracelsus**, begann auch bei uns die Entwicklung der Hypnose. Allerdings war Paracelsus offenbar nicht bewußt, daß er sich mit Suggestionen befaßte; er erklärte die beobachteten Phänomene aus einer Art »Magnetismus«, durch den der Mensch mit dem Universum in Beziehung steht. Damit wurde er zum Vorläufer Mesmers, der später die wissenschaftliche Hypnose begründete.

Aus dem 17. Jahrhundert sind noch Hypnoseversuche mit Hühnern überliefert, bekannt als »Experimentum mirabile«. Diese Experimente führten der Mönch **Athanasius Kircher** und der Mathematikprofessor **Daniel Schwenter** durch. Auch diese Versuche trugen mit zur Entwicklung der modernen Hypnose bei.

Entwicklung der wissenschaftlichen Hypnose

Die moderne, wissenschaftlich fundierte Hypnose beginnt mit Dr. Mesmer. Seine Forschungen beruhten zwar noch auf falschen Vorstellungen, trugen aber entscheidend mit dazu bei, daß sich die Psychologie später als selbständige wissenschaftliche Disziplin etablierte. Im 19. Jahrhundert förderten vor allem französische Therapeuten die Entwicklung der Hypnose, in unserem Jahrhundert geriet sie dann aber fast in Vergessenheit. Erst seit den 50er Jahren wird sie, ausgehend von amerikanischen Therapeuten, gründlicher erforscht und verbessert. Inzwischen gewinnt sie auch bei uns immer mehr Anhänger.

Mesmers »Magnetismus«

Angeregt durch die Forschungen des Paracelsus zur Wirkung magnetischer Felder auf den lebenden Organismus führte der Arzt **Franz Anton Mesmer** (1734 bis 1815) weitere Experimente in dieser Richtung durch. Schließlich entwickelte er die Theorie vom »tierischen Magnetismus«. Wie Paracelsus erlag er zwar dem Irrtum, seine Beobachtungen nicht als hypnotische Phänomene zu erkennen, trotzdem wurde er mit seiner Arbeit zum unmittelbaren Vorläufer der wissenschaftlichen Hypnose. Mehr noch, seine Theorien setzten eine Diskussion in Gang, an deren Ende sich die Psychologie von Theologie, Philosophie und Medizin trennte und zur eigenständigen Wissenschaft entwickelte.

Mesmers Theorien waren der Auslöser, daß sich die Psychologie als eigenständige Wissenschaft etablierte.

Die Grundlage der Mesmerschen Theorien bildet die Vorstellung, daß jeder lebende Organismus magnetische Kräfte abstrahlt, die Mesmer als »Fluidum« bezeichnete. Krankheiten stören dieses Fluidum; umgekehrt kann man eine Erkrankung heilen, wenn man das Fluidum wieder normalisiert. Zur Therapie verwendete Mesmer zunächst noch Magneteisen, später arbeitete er nur noch mit den Händen, um seine magnetischen Kräfte auf die Patienten zu übertragen.

Die therapeutischen Sitzungen Mesmers waren sicher sehr eindrucksvoll. Häufig behandelte er gleichzeitig mehrere Patienten, die in einem magnetisierten Badekübel saßen, um die Magnetkräfte aufzunehmen. Mesmer selbst kleidete sich dabei gerne in prächtige lila Gewänder, um seine Stellung als »Meister« zu unterstreichen, und im Hintergrund spielte Musik seines Freundes Mozart. Alle diese äußeren Umstände übten auf die Patienten im Badekübel eine starke suggestive Wirkung aus. Bei vielen kam es im Verlauf der Gruppensitzungen zu heftigen psychisch-nervösen Krisen mit Krämpfen und Zuckungen. Dabei wurden seelische Probleme abreagiert, danach heilten die Beschwerden oft rasch aus.

Mit seiner krassen Außenseitertherapie zog Mesmer sich naturgemäß Kritik und Spott seiner ärztlichen Kollegen zu. Aber das tat seinem Ruf bei den Patienten keinen Abbruch, denn er erzielte zum Teil verblüffende Heilungen selbst bei Kranken, die als unheilbar galten. Das sprach sich rasch herum, aus halb Europa strömten die Patienten zu ihm.

Franz Anton Mesmer gilt als Vorläufer der wissenschaftlichen Hypnose.

Im Grunde führte Mesmer bei seinen therapeutischen Sitzungen eine Form der **Gruppenhypnose** durch. Die Manipulationen, mit denen er das magnetische Fluidum zu übertragen glaubte, stellen sich aus heutiger Sicht als Suggestionen dar. Damit versetzte er seine Patienten in eine Art Trance und löste psychische Reaktionen aus. Deshalb benötigte er zur Behandlung bald keine Magneteisen mehr, sondern erzielte durch bloßes Bestreichen des Körpers dicht über der Haut den gleichen Erfolg.

Die Therapie Mesmers stand in engem Zusammenhang mit seiner charismatischen Persönlichkeit. Seinen Nachfolgern gelang es daher nicht, die gleichen therapeutischen Ergebnisse zu erzielen. Schließlich geriet der Mesmerismus in Vergessenheit und wurde durch die moderne Hypnose ersetzt, die auf ähnlichen Grundlagen beruht.

Beginn der modernen Hypnose

Die wissenschaftlich fundierte Hypnosetherapie entstand im 18. und vor allem im 19. Jahrhundert. Maßgeblich daran beteiligt waren besonders der **Marquis de Puységur**, der vom Phänomen des Schlafwandelns ausging, sowie die Naturwissenschaftler **J. D. Brandis** und **Abbé de Faria**, die sich mit der Suggestibilität des Menschen befaßten. Mitte des 19. Jahrhunderts arbeitete der Engländer **James Braid** dann bereits mit Techniken, die denen der modernen Hypnose weitgehend glichen.

Sigmund Freud verwendete Erkenntnisse aus hypnotischen Sitzungen für die Theorie der Psychoanalyse.

Danach verlagerte sich der Schwerpunkt der Hypnoseforschung nach Frankreich. Besonders hervorzuheben sind hier die beiden Therapeuten **Bernheim** und **Liébeault**, die mit ihrer »Schule von Nancy« weltweit bekannt wurden. Auf ihren Erkenntnissen und Erfahrungen beruht die moderne Hypnose unmittelbar. Indirekt trug auch der französische Apotheker und Psychotherapeut **Emile Coué** dazu bei; zwar wendete er keine Hypnose an, aber eine einfache, sehr erfolgreiche Form der Autosuggestion, so daß er zu einem Vorläufer der Selbsthypnose wurde.

Auch **Sigmund Freud** führte zunächst hypnotische Sitzungen durch. Seine dabei gewonnenen Einsichten in das Unbewußte flossen mit in seine Psychoanalyse ein. So war die Hypnose indirekt an dem revolutionären Wandel des Menschenbildes in der Psychologie beteiligt, den Freud mit seinen Lehren einleitete. Zugleich läutete die Psychoanalyse aber auch den Niedergang der Hypnose ein.

Nach ihrer Blütezeit im 19. Jahrhundert vor allem in Frankreich verlor die Hypnose bald an Bedeutung. Die Freudsche Psychoanalyse gab den Anstoß zur Entwicklung weiterer psychotherapeutischer Heilverfahren, neben denen die Hypnose bald überflüssig schien. Außerdem zerstritten sich die Vertreter der verschiedenen »Schulen« der Hypnose derart, daß es bald keine einheitliche Lehrmeinung mehr gab. Dadurch büßte die Hypnose weiter an Bedeutung und Glaubwürdigkeit ein. Nach dem 1. Weltkrieg geriet sie nahezu in Vergessenheit.

Einige Therapeuten bauten auf der traditionellen Hypnose aber neue Psychotherapien auf. In Deutschland arbeitete vor allem der Berliner Nervenarzt Professor **Johannes H. Schultz** lange Zeit an einem Hypnose-Ambulatorium und sammelte dabei wichtige Erfahrungen. Daraus entwickelte er später eine Technik zur konzentrierten Selbstentspannung, die in den 30er Jahren als »autogenes Training« eingeführt wurde und bis heute nichts an Bedeutung verlor.

Verschiedene Entspannungsmethoden, wie autogenes Training und progressive Muskelrelaxation, enthalten Elemente der Hypnose.

In USA begründete Professor Edmund Jacobson eine Entspannungsmethode durch Autosuggestion, die ebenfalls Elemente der Hypnose enthielt; sie wurde als »progressive Relaxation« im angloamerikanischen Sprachraum ähnlich bekannt wie autogenes Training bei uns.

Einige Außenseiter wendeten nach wie vor die klassische Hypnose an. Sie wurden oft heftig kritisiert und angefeindet, sorgten aber durch ihre guten therapeutischen Erfolge dafür, daß die Hypnose nie ganz vergessen wurde. Bis in die 50er Jahre hinein war sie jedoch in der offiziellen Medizin und Psychologie »kein Thema« mehr, sondern wurde einfach ignoriert.

Heutige Bedeutung der Hypnose

Die neuen Formen der Psychotherapie, die nach Freuds Psychoanalyse begründet wurden, schienen jahrzehntelang zur Behandlung psychischer Störungen zu genügen. Deshalb bestand kein Bedarf, sich wieder mit der Hypnose zu befassen. Erst in den 50er Jahren beginnt die »Renaissance« der Hypnotherapie. Sie ging von den USA aus, wo man sich früher kaum um diese Methode kümmerte. Gerade deshalb war man hier wahrscheinlich eher bereit und fähig, sich ohne Vorurteile und falsche Vorstellungen auf neue Versuche mit der Hypnose einzulassen.

Seit Beginn der 60er Jahre widmet sich die Forschung wieder verstärkt der Hypnose.

Vor allem seit den 60er Jahren betreibt man in den USA intensive theoretische und praktische Grundlagenforschung. Daraus entstanden neue Theorien, die hypnotische Phänomene besser erklären, und Techniken zur Einleitung und Vertiefung der Trance, die wirksamer als die klassischen Methoden helfen. Dadurch erhielt die Hypnose viel Auftrieb. Inzwischen wird sie in den USA wieder ganz selbstverständlich bei vielen Indikationen eingesetzt, angefangen bei psychischen und psychosomatischen Störungen bis hin zur Geburtshilfe, Zahnheilkunde und Chirurgie.

In Europa konnte sich die Hypnose noch nicht so deutlich neu durchsetzen. Offiziell steht man ihr noch immer skeptisch bis ablehnend gegenüber, bezeichnet sie als überholt, nicht mehr zeitgemäß oder gar wirkungslos. Solche Vorbehalte entbehren jeglicher sachlichen Grundlage. Teils beruhen sie auf traditionellen Vorurteilen, zum Teil erklären sie sich schlicht aus Unkenntnis. Es gibt noch viel zu wenig einschlägige Fachliteratur und Studienangebote zur Hypnose; interessierte Therapeuten müßten sich die Informationen mühsam zusammensuchen, aber dazu fehlt vielen die Zeit oder die Motivation.

Trotz aller Anlaufschwierigkeiten befindet sich die Hypnose auch bei uns wieder auf dem Vormarsch. Immer mehr Therapeuten, die nach Alternativen zu herkömmlichen Behandlungsformen suchen, beschäftigen sich eingehend mit der Hypnotherapie und wenden sie vermehrt in der Praxis an. Mittlerweile liegen auch bei uns erste aktuelle wissenschaftliche Berichte vor, die Hypnose als gut wirksames und verträgliches Heilverfahren in der Medizin und Psychotherapie bestätigen. Es scheint nur noch eine Frage der Zeit, bis sie sich wieder als wichtiges Heilverfahren mit zahlreichen Anwendungsgebieten etabliert. Nicht zuletzt tragen dazu die Erwartungen der Patienten bei, die immer häufiger eine Hypnosebehandlung vom Therapeuten einfordern.

2

KAPITEL

Grundlagen, Techniken und Wirkung

Die moderne Hypnoseforschung brachte viele neue Erkenntnisse und Theorien. Sie verbessern deutlich das Verständnis hypnotischer Phänomene und die praktische Anwendung. Aber es bleiben immer noch viele Fragen offen. Deshalb gibt es bisher auch keine allgemein anerkannte Theorie zur Hypnose. Vielmehr entstehen schon wieder verschiedene »Schulen«, deren Ansichten sich zum Teil nicht miteinander vereinbaren lassen. Es bestehen jedoch gute Chancen, daß sich diese unterschiedlichen Auffassungen über kurz oder lang sinnvoll zu einer Theorie zusammenfügen lassen. Allerdings setzt das voraus, daß die einzelnen »Schulen« sich nicht wieder in fruchtlosem Streit verzetteln, der die Hypnose schon einmal in die Bedeutungslosigkeit trieb.

Für die praktische Arbeit sind diese theoretischen Diskussionen von untergeordneter Bedeutung. Hypnose wirkt, daran besteht heute kein Zweifel mehr. Diese Wirkung läßt sich durch verschiedene Hypnosetechniken erzielen und aus unterschiedlichen Theorien erklären.

Beachten Sie

Nach heutiger Auffassung scheint die Technik zur Einleitung und Vertiefung der Hypnose überhaupt nicht so wichtig, in erster Linie kommt es auf positive Motivation des Patienten und ein gutes Verhältnis zum Therapeuten an.

Auf dieser Grundlage wirkt wahrscheinlich jede Hypnosetechnik, ohne sie kann auch der beste Therapeut nur wenig ausrichten.

Grundlagen der Hypnose

Die Hypnose beruht auf natürlichen Vorgängen, dazu bedarf es keiner besonderen Fähigkeiten oder Begabungen. Unwillkürlich führen die meisten Menschen im täglichen Leben immer wieder eine Art »Selbsthypnose« mit Suggestionen durch, um sich zum Beispiel auf eine bestimmte Situation vorzubereiten.

Allgemein gilt

Zur Lebenshilfe und Therapie wird die Fremd- oder Selbsthypnose, wenn sie bewußt, systematisch und gezielt angewendet wird.

Entscheidende Grundlage der Hypnose bildet die Macht unseres Unbewußten, in das die suggestiven Erwartungen und Vorstellungen im Verlauf der Hypnosetherapie eingeprägt werden. Sobald sie vom Unbewußten angenommen wurden, gehen sie ohne Zutun von Verstand und Willen automatisch in Erfüllung. Zweifel des Verstands an den Suggestionen und innere Widerstände, die durch Willensanstrengung provoziert werden können, bleiben deshalb aus und können die Wirkung nicht behindern. Allerdings setzt das ausreichende Motivation und positive Einstellungen zur Hypnose voraus (siehe auch »Voraussetzungen der Selbsthypnose«, Seite 65).

Einfluß des Unbewußten

Als **Unbewußtes** bezeichnet man jenen Anteil des Seelenlebens, der uns nicht unmittelbar zugänglich ist. Schon vor Sigmund Freud diskutierte man einen solchen seelischen Bereich, aber erst er entwickelte dazu schlüssige theoretische Erklärungen und mit der Psychoanalyse einen Weg zur Erforschung der »Tiefen« der Seele. Nach ihm entstanden weitere tiefenpsychologische Theorien und Therapien, die aber letztlich alle von den Freudschen Grundvorstellungen ausgehen.

Das Unbewußte macht einen großen Teil des Seelenlebens aus. Zu seinen wichtigsten Inhalten gehören Triebe, teilweise auch Instinkte und Gefühle. Hinzu kommen zahlreiche individuelle

Motive, Wünsche, Ziele, Lebenserfahrungen, Erinnerungen und ähnliche Inhalte, die zwar aus dem Bewußtsein verschwanden, aber damit nicht bewältigt wurden. Aus der Tiefe des Unbewußten nehmen sie weiterhin großen Einfluß auf Verhalten, Fühlen, Denken, Streben, seelisch-geistiges und körperliches Befinden. Da uns dieser Einfluß nicht bewußt wird, können wir die darauf beruhenden Reaktionen nicht ohne weiteres verstehen, kontrollieren und steuern. Zum Teil fühlt man sich ihnen hilflos ausgeliefert und fürchtet sich davor, wenn sie als bedrohlich erlebt werden.

Viele Inhalte des Unbewußten entwickeln sich im Lauf des Lebens durch **Verdrängung**. Das gilt vor allem für Triebe, Motive, Bedürfnisse und Gefühle, die nicht zugelassen und verwirklicht werden können und deshalb unverarbeitet ins Unbewußte »abgeschoben« werden. Außerdem gehören dazu die zahlreichen Erfahrungen und Enttäuschungen des Lebens, die so unangenehm oder schmerzlich empfunden werden, daß man sie rasch ins Unbewußte verdrängt. Dadurch werden sie aber nur scheinbar vergessen, **maskiert** wirken sie aus dem Unbewußten fort. Sie können

Das Unbewußte hat großen Einfluß auf unser Denken, Fühlen und Handeln.

- das gesamte Leben stören,
- negative Erwartungen und Vorstellungen erzeugen,
- oft auch zu psychosomatischen Krankheiten führen.

Allerdings darf man den Verdrängungsprozeß nicht pauschal als schädlich mißverstehen. Bis zu einem gewissen Grad ist er nützlich, um das Bewußtsein zu entlasten.

Beachten Sie

Problematisch wird es erst, wenn man zu viele Inhalte verdrängt oder wichtige Ereignisse unverarbeitet »abschiebt«. Dann wird das Selbstbewußtsein zu stark eingeschränkt – wir kennen und verstehen uns selbst nicht mehr.

Falsch ist auch die Vorstellung, das Unbewußte sei eine Art »Müllplatz« der Seele, auf dem man alle unangenehmen Inhalte ablädt. Aus dem Unbewußten stammen auch Kraft und Energie, Kreativität und Phantasie, positive Erwartungen und Vorstellungen. Man kann und soll lernen, dieses mächtige Potential zu nutzen, um ein erfülltes Leben im Einklang mit sich selbst zu führen. Hypnose und Selbsthypnose können dabei maßgeblich helfen.

Außer dem individuellen Unbewußten kennt die Tiefenpsychologie noch die folgenden Formen:

Formen des Unbewußten

- **Familiäres Unbewußtes**, das durch unbewußte Motive aller Mitglieder der Familie entsteht; diese werden bereits in frühster Kindheit übernommen und wirken zum Teil auch bei der Gewissensbildung mit.
- **Kollektives Unbewußtes** nach **C. G. Jung**, das (umstritten) die allen Menschen gemeinsamen angeborenen Reaktionen des Unbewußten auf bestimmte Menschen (vor allem Mann, Frau, Kind, Mutter, Vater), Objekte und Situationen (wie Gefahren) enthält; stärkere Differenzen zwischen individuellem und kollektivem Unbewußten tragen wahrscheinlich mit zu psychischen Störungen bei.

Es erübrigt sich, noch weiter auf das Unbewußte einzugehen. Zum Verständnis der Hypnose muß man lediglich wissen, daß Suggestionen, die in Trance eingeprägt werden, das Unbewußte erreichen und gezielt aktivieren, so daß man dieses mächtige Potential im Alltag als Lebenshilfe nutzen kann.

In Trance eingeprägte Suggestionen können das Unbewußte gezielt aktivieren.

Dazu gibt es zahlreiche Beispiele aus der Praxis. Sie mögen zum Teil unglaublich erscheinen, sind aber wissenschaftlich zuverlässig belegt und abgesichert. Besonders kraß wirken solche suggestiven negativen Inhalte zum Beispiel beim **psychogenen Tod**, der ausschließlich aus seelischen Einflüssen zu erklären ist; unter anderem kennen wir den Tod durch negative Erwartungen und Vorstellungen oder Scham, den Tod an »gebrochenem Herzen«, psychogenes Massensterben in ausweglosen Situationen oder kollektiven Gruppenselbstmord.

Zu den positiven Beispielen der Macht des durch Suggestionen aktivierten Unbewußten gehört vor allem die Heilung schwerer Krankheiten (oft bei Krebs), die sich anders nicht schlüssig erklären läßt. Sogar bei Tieren scheint eine Art positive Autosuggestion möglich, wie verschiedene Experimente belegen.

Wenn das Unbewußte sogar schwerste Krankheiten besiegen oder Menschen und Gruppen in den psychogenen Tod treiben kann, muß es bei den in der Regel geringfügigeren Problemen des Alltags noch ungleich besser wirken. Sie werden später bei der Selbsthypnose die zahlreichen Chancen erfahren, die regelmäßige Selbsthilfe durch Hypnose bietet.

Erwartungen und Vorstellungen

Erwartungen und Vorstellungen werden positiv formuliert und dem Unbewußten durch Wiederholungen eingeprägt.

Unser gesamtes Leben wird maßgeblich durch Erwartungen und Vorstellungen beeinflußt. Da sie zu den natürlichen seelischen Vorgängen gehören, stellen sie sich unwillkürlich ein und werden häufig nicht bewußt wahrgenommen. Sie sind ein selbstverständliches »Instrument«, mit dessen Hilfe das Leben besser gemeistert wird.

Hypnose und Selbsthypnose beruhen zum Teil auf der natürlichen Fähigkeit, Erwartungen und Vorstellungen zu entwickeln. Im Vergleich zur alltäglichen Autosuggestion werden sie gezielt und gewollt positiv formuliert und durch Wiederholung dem Unbewußten eingeprägt, bis sie daraus automatisch in Erfüllung gehen.

Erwartungen definiert man als positive oder negative, in die Zukunft gerichtete psychische Inhalte. Sie bewirken, daß mit bevorstehenden Aufgaben, Situationen, Ereignissen und ähnlichen Vorgängen bestimmte Gedanken verknüpft werden. Diese besitzen eine starke Tendenz, sich später, wenn man sich in der realen Situation befindet, unwiderstehlich zu verwirklichen. Dazu prägen sie vor allem Motive, Denken, Verhalten und Handeln unmerklich.

Die Inhalte der Erwartungen hängen von verschiedenen Faktoren ab. Eine wesentliche Rolle spielt zunächst die Lebensgrundeinstellung eines Menschen. Sie richtet sich nach seiner Persönlichkeit; zum Teil ist sie anlagebedingt, teils wird sie bereits in früher Kindheit durch Erziehung und Vorbild der Bezugspersonen bestimmt. Eine überbesorgte Erziehung ängstlicher Eltern kann zum Beispiel dazu führen, daß später das Leben von ängstlichen, negativen Erwartungen bestimmt wird, während ein ermutigender Erziehungsstil die positiven Erwartungen fördert.

Darüber hinaus wirken die Lebenserfahrungen und die Art, wie sie bewältigt werden, nachhaltig auf die Erwartungen. Wenn ein Mensch im Lauf seines Lebens viele Enttäuschungen, Mißerfolge, Rückschläge und ähnliche negative Erfahrungen erlebt, die nicht richtig verarbeitet werden, prägt das seine Erwartungen zunehmend negativ. Umgekehrt können positive Erfahrungen des Lebens die Tendenz zu positiven Erwartungen erhöhen. Allerdings spielt auch dabei wieder die durch Erziehung und Vorbild begründete Einstellung zum Leben eine wichtige Rolle.

Wichtig

Wer mit einer grundsätzlich positiven Lebenseinstellung »ausgestattet« ist, wird auch negative Erfahrungen besser verkraften als derjenige, dessen Grundeinstellung ohnehin schon negativ vorbestimmt wurde.

Negative Erwartungen können zu einer psychischen Krankheit werden.

Negative Erwartungen können sogar zur psychischen Krankheit werden, eine **Erwartungsneurose** bildet sich aus. Kennzeichnend dafür sind ausgeprägte, durch Verstand und Willen nicht zu beherrschende Ängste vor zukünftigen Ereignissen. Diese sind so mächtig, daß sie fast immer in Erfüllung gehen. Das scheint dann die negativen Erwartungen zu bestätigen, und sie verstärken sich. Ein typisches Beispiel dafür ist die sexuelle Erwartungsneurose, die bei Männern zur psychogenen Impotenz führen kann. Sie erleben einmal ein sexuelles »Versagen«, das nicht richtig verarbeitet wird, sondern zur dauernden Angst vor einer Wiederholung führt. Diese negative Erwartung stört prompt die natürlichen, unwillkürlich ablaufenden sexuellen Reaktionen derart, daß die Wiederholung des »Versagens« geradezu vorprogrammiert wird. So kommt ein **neurotischer Teufelskreis** aus negativen, sich selbst verwirklichenden und verstärkenden Erwartungen in Gang, dem man oft nicht mehr aus eigener Kraft entkommt.

Mit Hilfe der Fremd- oder Selbsthypnose gelingt es meist, diesen Teufelskreis zu durchbrechen, die negativen Erwartungen abzubauen und positive gezielt als »Gegengewicht« dem Unbewußten einzuprägen. Bei richtiger Durchführung führt das zur grundlegenden Umkehr im Leben, aus verzagten und ängstlichen Pessimisten werden selbstsichere Optimisten.

Außer Erwartungen bestimmen die **Vorstellungen** das Leben entscheidend mit. Dabei handelt es sich um psychische Inhalte, die nicht auf tatsächlicher aktueller Wahrnehmung beruhen, sondern aus bereits vorhandenen seelischen Inhalten neu zusammengefügt werden. Da man sich nur vorstellen kann, was man früher schon einmal mit den Sinnesorganen wahrnahm und im Gedächtnis speicherte, gibt es optische, akustische, Geschmacks-, Geruchs- und Empfindungsvorstellungen. Diese werden nochmals wie folgt unterschieden:

Vorstellungen

- **Erinnerungsvorstellungen** bestehen aus Gedächtnisinhalten, die aus der früheren Wahrnehmung von Personen, Objekten und Ereignissen entstanden; zur Vorstellung werden sie unabhängig von der realen Wahrnehmung neu zusammengefügt.
- **Phantasievorstellungen** enthalten Teile früherer Wahrnehmungen, die auf völlig neue Weise zusammengesetzt werden, also nicht mehr der tatsächlichen Situation entsprechen.

Auch die Vorstellungen werden durch Erziehung, Vorbild und Lebenserfahrung eher positiv oder mehr negativ bestimmt. Wer zu negativem Denken neigt, entwickelt zu Personen, Objekten und Ereignissen naturgemäß eher negative Vorstellungen, während positive Menschen günstige Vorstellungen bevorzugen. Dabei gilt wie bei den Erwartungen, daß solche Vorstellungen eine starke Eigendynamik besitzen und sich nicht durch Verstand und Willen kontrollieren lassen; fast immer gehen sie in Erfüllung, indem sie Verhalten, Handeln, Denken und Fühlen lenken.

Daraus kann sich ebenfalls ein Teufelskreis aus negativen Vorstellungen entwickeln, dem man aus eigener Kraft schwerlich entkommt.

Wichtig

Fremd- und Selbsthypnose ermöglichen uns, die Vorstellungen indirekt zu beeinflussen, negative positiv »umzupolen« oder von vornherein zu vermeiden.

Dazu eignen sich die hypnotischen Suggestionen besonders gut, denn auch sie arbeiten mit bildhaften Vorstellungen. Diese werden gezielt gegen vorhandene negative Vorstellungen als eine Art »Gegengewicht« eingesetzt.

Gemeinsam mit dem Unbewußten, dem sie eingeprägt werden, machen suggestive Erwartungen und Vorstellungen die Hauptwirkung der Fremd- und Selbsthypnose aus. Die Macht des Unbewußten sorgt dafür, daß Verstand und Willen die suggestive Wirkung nicht stören oder blockieren. Das bedeutet jedoch nicht, daß man der Fremdhypnose willenlos ausgeliefert wäre, wie oft befürchtet wird.

Beachten Sie

Im Unbewußten befindet sich eine **Kontrollinstanz** (der sogenannte psychische Zensor), die jede Suggestion zunächst prüft und nur dann zuläßt, wenn sie nicht »persönlichkeitsfremd« ist; andere Suggestionen verpuffen wirkungslos. Deshalb droht bei der Fremdhypnose keine unzulässige Einflußnahme von außen.

Alltägliche Selbsthypnose

Da Suggestionen auf natürlichen seelisch-geistigen Vorgängen beruhen, werden sie im Alltag ständig verwendet. Allerdings wird das den meisten Menschen überhaupt nicht bewußt, denn die Autosuggestion läuft automatisch ohne Kontrolle durch Verstand und Willen ab.

Typische Beispiele für solche alltäglichen Suggestionen finden wir bei der Werbung, im Radio- und TV-Programm, bei der Lektüre oder im Gespräch mit anderen. Überdies unterliegen wir alle mehr oder minder der unmerklichen Suggestion durch Politik und Religion, die unrühmliche Höhepunkte zum Beispiel in der NS-Diktatur oder im Hexenwahn des Mittelalters fand.

Neben diesen Alltagssuggestionen von außen führen wir alle immer wieder Autosuggestionen durch, die im weiteren Sinn als Vorstufen der Selbsthypnose zu verstehen sind. In schwierigen Situationen versuchen wir zum Beispiel, uns selbst durch Suggestionen zu ermutigen oder entwickeln negative Vorstellungen und Erwartungen. Aufregungen, Ärger und Zorn können durch Autosuggestionen gedämpft oder verstärkt werden. Mißerfolge verursachen häufig negative Suggestionen, die eine Situation noch schlimmer erscheinen lassen, rufen zum Teil aber auch positive Suggestionen hervor, mit deren Hilfe die Lage besser bewältigt wird. Alle diese Suggestionen hängen letztlich immer von der Persönlichkeit der Betroffenen ab.

Wir werden später bei der Selbsthypnose ausführlich darstellen, wie Suggestionen zur Selbstbeeinflussung formuliert und eingeprägt werden. Hier genügt zunächst die folgende allgemeine Erklärung:

Was versteht man unter Suggestion?

Suggestion bedeutet: das eigene Seelenleben (oder das anderer Menschen) zu beeinflussen, und zwar durch Übertragung von Vorstellungen, Erwartungen, Meinungen, Überzeugungen, Haltungen und ähnlichen Inhalten. Sie werden ins Unbewußte eingeprägt und nach Prüfung durch den **psychischen** Zensor angenommen und realisiert.

Im Alltag erfolgt diese Suggestion meist unmerklich. Bei der Hypnose wird sie bewußt und gewollt nach vorheriger Zustimmung eingesetzt, die Selbsthypnose erfordert zunächst eine Willensentscheidung für diese Methode.

Am besten wirken **bildhafte Suggestionen**, da Bilder der »Sprache« des Unbewußten entsprechen. Man benötigt aber nicht unbedingt bildliche Darstellungen der suggestiven Inhalte, auch eine bildhafte Sprache erfüllt ihren Zweck. Außerdem hilft es meist sehr gut, die Suggestionen mit Gefühlen zu kombinieren, damit sie mit bereits vorhandenen Gefühlen verknüpft werden können.

Die Wirksamkeit der Suggestionen hängt ferner von der individuellen Beeinflußbarkeit (Suggestibilität) eines Menschen ab. Grundsätzlich besteht bei fast jedem eine ausreichende Suggestibilität zur Selbsthypnose und Autosuggestion, aber manche reagieren eben individuell besonders stark darauf. Ein Ziel der Fremd- und Selbsthypnose besteht darin, die Suggestibilität zu steigern, damit sich das Unbewußte besser für die Suggestionen öffnet.

Wie wirken Hypnose und Selbsthypnose?

Zur Hypnose und Selbsthypnose gibt es verschiedene Theorien. Keine davon kann bisher alle Fragen beantworten. Zum Teil lassen sich die Vorstellungen der verschiedenen »Schulen« überhaupt nicht miteinander vereinbaren. Letztlich kranken alle Theorien noch daran, daß sie zwar einzelne hypnotische Phänomene schlüssig erklären, aber die Hypnose nicht ganzheitlich erfassen. Ob und wann es gelingen wird, eine umfassende Theorie zu entwerfen, läßt sich heute noch nicht absehen. Die intensive Forschung liefert immer wieder neue Einsichten, um die vorhandenen Theorien zu ergänzen.

Beachten Sie

Für die praktische Arbeit mit Hypnose und Selbsthypnose spielt es keine nennenswerte Rolle, ob die Wirkungsweise zufriedenstellend erklärt werden kann; sie wird immer wieder durch die Erfahrung bewiesen.

Ein recht guter Versuch, die Hypnose umfassend zu definieren, gelang vor einiger Zeit der British Medical Association. Danach wird Hypnose vorläufig wie folgt beschrieben:

Hypnose ist ein vorübergehender Zustand veränderter Aufmerksamkeit, der durch einen anderen Menschen – bei der Selbsthypnose unabhängig von Dritten – hervorgerufen werden kann. Dabei treten spontan oder als Reaktion auf sprachliche und andere Reize verschiedene Phänomene auf, insbesondere Veränderungen des Bewußtseins und Gedächtnisses, gesteigerte Empfänglichkeit für Suggestionen und Gedanken, die dem Hypnotisierten in seinem gewohnten wachen Geisteszustand nicht vertraut sind.

Aus den verschiedenen gängigen Theorien zur Hypnose sollen einige kurz vorstellt werden. Sie vermitteln Ihnen einen ersten Eindruck davon, wie sich die Fachleute der verschiedenen Richtungen die Wirkungen der Hypnose zu erklären versuchen.

Suggestionstheorie

Diese Vorstellung geht davon aus, daß die Hypnose nicht vom Zustand der Trance abhängt, sondern ausschließlich die Suggestionen wirken. Das beruht auf der Tatsache, daß Suggestionen auch unabhängig von der hypnotischen Trance angenommen und realisiert werden können.

Dabei wird allerdings verkannt, daß Suggestionen im Wachzustand nur bei einer Minderheit besonders suggestibler Menschen ähnlich rasch und gut wirken wie bei der Hypnose. Im allgemeinen erzielt man bessere Ergebnisse, wenn die Suggestionen in der Trance eingeprägt werden, weil das Unbewußte sich dabei für die Vorstellungen und Erwartungen öffnet. Deshalb ist die Suggestionstheorie zu einseitig; ihr Verdienst besteht vor allem darin, die Bedeutung der Suggestionen hervorzuheben.

Die bisherigen Theorien über die Wirkung der Hypnose berücksichtigen meist nur Teilaspekte.

Pawlowsche Theorie

Diese Erklärung beruht auf den bekannten Versuchen mit Hunden, die der russische Nobelpreisträger **Iwan P. Pawlow** durchführte. Er erklärt die Hypnose als eine Art Schlaf, bei dem bestimmte Wachpunkte der Großhirnrinde aktiv bleiben und für den Kontakt zwischen Hypnotiseur und Patienten sorgen. Bestätigt wird diese Theorie durch die Ableitung der Hirnstromaktivitäten (EEG), die bei hypnotisierten Menschen denen im Schlaf ähneln können.

Allerdings darf diese Theorie nicht verallgemeinert werden. Bei manchen Menschen beeinflußt die Hypnose tatsächlich die

Hirnstromwellen, bei anderen verändern sich diese auch in tiefster Trance nicht oder nur wenig. Deshalb erklärt die Pawlowsche Theorie die Hypnose nur teilweise. Immerhin gaben Pawlows theoretische Vorstellungen der Hypnoseforschung wichtige Denkanstöße.

Hypnose als Rollenspiel

Verschiedene Psychotherapien arbeiten mit Rollenspielen, bei denen Therapeut und Klient mit verteilten Funktionen bestimmte Situationen durchspielen. Dabei werden sie zum Beispiel richtig verarbeitet oder zukünftige Verhaltensweisen sinnvoll verändert. Eine Richtung der Hypnose geht davon aus, daß ein solches Rollenspiel auch während der Fremdhypnose stattfindet. Der Hypnotiseur übernimmt die Rolle des **Übermächtigen**, der Hypnotisierte spielt den **Unterlegenen** und leistet gegen die Suggestionen keinen Widerstand. Tatsächlich trifft das so nicht zu, der Therapeut ist bei der Hypnose keineswegs übermächtig, sondern übt im Grunde nur den Einfluß aus, den der Hypnotisierte ihm erlaubt.

Eine ganzheitliche Erklärung der Hypnose steht noch aus.

Man muß sich jedoch bewußt bleiben, daß es sich um ein »Spiel« handelt, an dem der Hypnotisierte freiwillig teilnimmt und das er jederzeit beenden kann. Die umfassende Wirkung der Hypnose läßt sich allein aus dieser Theorie nicht erklären, sie erfaßt nur einen – wenngleich wichtigen – Teilaspekt.

Regressionstheorie nach Freud

Da **Sigmund Freud** selbst einige Zeit mit der Hypnose arbeitete, konnte er auf Grund seiner Erfahrungen eine eigene Theorie zur Wirkungsweise entwickeln. Sie geht davon aus, daß der Hypnotisierte in der Trance eine Art **Rückentwicklung** (Regression) erlebt, wie sie auch bei der Psychoanalyse und anderen Formen der Psychotherapie als nützliche Reaktion vorkommt. In diesem »kindlichen Entwicklungsstadium« unterwirft er sich dem Einfluß des Therapeuten und schränkt seine Wahrnehmungen auf ihn ein; die restliche Umwelt wird ausgeblendet. Gleichzeitig geht die Fähigkeit des Hypnotisierten verloren, in der Trance zwischen eigenem Ich und Umwelt/Therapeut zu unterscheiden; in tiefer Hypnose »verschmilzt« er also völlig mit dem Hypnotiseur.

Diese Theorie gehört zu den wichtigsten und umfassendsten Erklärungsversuchen der Hypnosewirkung. Zwar läßt auch sie noch Fragen offen, aber nach Ergänzung durch weitere Erkenntnisse könnte sie einmal die Grundlage einer allgemein anerkannten Hypnosetheorie bilden.

Weitere psychoanalytische Erklärungen

Die Freudsche Analyse wurde von anderen Therapeuten zum Teil erheblich verändert. Dementsprechend gibt es noch andere psychoanalytische Erklärungen der Hypnosewirkung, die von der obigen Theorie Freuds abweichen.

Ein Teil der Psychoanalytiker geht nicht mehr davon aus, daß Hypnose zur Regression führen muß. Vielmehr nehmen einige an, daß der Hypnotisierte eine Art **Haßliebe** zum Therapeuten entwickelt, weil er sich zwar unterwerfen will, aber sich gleichzeitig gegen die vermeintliche »Übermacht« des Hypnotiseurs wehrt. Diesen Konflikt löst das Unbewußte durch die Vorstellung, daß nicht der Therapeut die Macht ausübt, sondern vom Hypnotisierten in die Rolle des Übermächtigen gezwungen wird. So kann er sich unterwerfen, zugleich aber die Situation weiterhin kontrollieren.

Manche psychoanalytischen Erklärungen der Hypnosewirkung weichen von Freuds Regressionstheoie ab.

Zusätzlich postulieren manche Psychoanalytiker, daß der Hypnotiseur nicht an die Stelle der psychischen Kontrollinstanz **Über-Ich** gesetzt wird, wie man häufig annimmt. Vielmehr wird er vom Hypnotisierten wie das eigene Über-Ich verstanden. Deshalb übt scheinbar nicht mehr der Therapeut den Einfluß aus, sondern das Über-Ich des Patienten; dadurch werden unnötige innere Widerstände vermieden.

Diese und andere psychoanalytische Theorien zur Hypnosewirkung können zum Teil nur schwer nachvollzogen werden. Sie folgen nicht den Gesetzen der Logik, sondern den davon unabhängigen Regeln des Unbewußten. Deshalb fällt es auch schwer, sie zuverlässig zu beweisen; oft werden sie heftig kritisiert. Aber sie bilden ein in sich schlüssiges theoretisches System, das bei unvoreingenommener Betrachtung zumindest grundsätzlich überzeugt. Daneben diskutiert man heute noch eine Reihe anderer, mehr oder minder sinnvoller Theorien. Sie müssen an dieser

Stelle nicht mehr ausgeführt werden, weil sie sich bisher nicht durchsetzen konnten.

Techniken der Hypnose

Die Hypnosetherapie kann selbständig oder vom Therapeuten durchgeführt werden. Vermutlich bedeutet aber auch die Fremdhypnose im Grunde immer Selbsthypnose; die Suggestionen des Therapeuten müssen zunächst vom **psychischen Zensor** geprüft und zugelassen werden, erst danach nimmt das Unbewußte sie dann wie eigene Suggestionen an.

Ferner gibt es noch einige Techniken, die der Hypnose ähneln. Einige davon werden hier kurz vorgestellt, damit Sie sich bei Bedarf dafür entscheiden können.

Methoden der Fremdhypnose

Die Fremdhypnose darf nur von einem seriösen, gut ausgebildeten Therapeuten durchgeführt werden, der eine staatliche Zulassung zur Ausübung der Heilkunde besitzt. Dazu gehören Ärzte und Heilpraktiker, denn nur diese beiden Berufsgruppen sind nach deutschem Recht zur selbständigen Therapie befugt.

Natürlich können auch Psychologen und Psychotherapeuten die Hypnose anwenden, streng genommen jedoch nur nach Anweisung und unter Überwachung des Arztes oder Heilpraktikers. Erfahrungsgemäß wird diese umstrittene gesetzliche Bestimmung in der Praxis häufig umgangen; bei einem gut ausgebildeten Psychologen oder Psychotherapeuten bedeutet das kein Risiko für den Patienten.

Vorsicht

Vertrauen Sie sich keinem Hypnotiseur an, der weder eine Zulassung zur Ausübung der Heilkunde noch eine psychologisch-psychotherapeutische Ausbildung besitzt. Er mag die Hypnose noch so gut beherrschen, ein Risiko besteht immer, weil die notwendigen zusätzlichen medizinisch-psychologischen Kenntnisse fehlen.

Die seriöse Fremdhypnose beginnt mit dem vorbereitenden ausführlichen Gespräch, das eine oder mehrere Sitzungen erfordern kann. Es schafft die **Grundvoraussetzungen** für eine wirksame Hypnose:

Grundvoraussetzungen für eine wirksame Hypnose

- Gründliche umfassende Untersuchung, die sich nicht auf das seelische Befinden beschränken darf, sondern auch den Körper einbezieht.
  Ärzte und Heilpraktiker können die körperliche und psychologische Untersuchung durchführen, Psychologen und Psychotherapeuten überlassen die körperliche Inspektion dem Mediziner.
- Aufnahme der Krankheitsvorgeschichte und/oder der lebensgeschichtlichen Entwicklung eines Menschen.
  Daraus gewinnt man wichtige Einsichten in mögliche Ursachen psychischer und körperlicher Störungen, die zur gezielten Behandlung unerläßlich sind.
- Besprechung der Erwartungen und Vorstellungen des Klienten zur Hypnose.
  Hierbei sollen insbesondere Ängste, Vorbehalte und Zweifel ausgeräumt, aber auch vor übertriebenen Hoffnungen gewarnt werden. Der Therapeut kann solche Erwartungen und Vorstellungen rechtzeitig korrigieren, damit es später nicht zu Enttäuschungen und inneren Widerständen kommt; außerdem wird er versuchen, die Hypnosetechnik so gut wie möglich den Erwartungen des Klienten anzupassen.

Die aktive Mitarbeit des Klienten ist von großer Bedeutung.

- Motivierung zur aktiven Mitwirkung des Klienten bei der Behandlung, die unerläßlich zur erfolgreichen Hypnose ist. Der Patient darf sich nicht als bloßes **Objekt** der Therapie fühlen, sondern muß ganz klar wissen, was er damit erreichen will, und dabei mitarbeiten.
- Aufbau des Vertrauens zwischen Therapeut und Hypnotisiertem, das auf Offenheit, Zuwendung und bedingungsloser Annahme des Klienten durch den Therapeuten beruht.
  Nur unter dieser Voraussetzung lassen sich innere Widerstände gegen die Hypnose weitgehend vermeiden, unangenehme Einsichten in Fehlentwicklungen der eigenen Persönlichkeit feststellen und schließlich die Bereitschaft zum Neu- und Umlernen fördern.

- Klärung der voraussichtlichen Dauer und Kosten der Fremdhypnose, insbesondere der möglichen Kostenübernahme durch die Krankenversicherung. Unter bestimmten Voraussetzungen tragen die Krankenkassen die Kosten einer Hypnosetherapie für einige Zeit, aber das muß rechtzeitig abgeklärt werden.

Wichtig

Wenn bei den Vorgesprächen kein Vertrauensverhältnis entsteht, müssen Sie offen darüber mit dem Therapeuten sprechen und notfalls einen anderen Hypnotiseur aufsuchen. Kein Therapeut ist in der Lage, jedem Patienten gleich gut entgegenzukommen, wie in allen sozialen Beziehungen muß eine ähnliche **Wellenlänge** zwischen den Beteiligten vorliegen.

Nach dieser Vorbereitungsphase kann die erste Hypnose beginnen. Die Sitzungen dauern im Durchschnitt 15 bis 60 Minuten, zum Teil auch erheblich länger. Manche Klienten benötigen nur 5 bis 10 Sitzungen, andere 30 bis 50, im Extremfall sogar 100 und mehr, ehe die beabsichtigte Wirkung eintritt. In welchen Zeitabständen behandelt wird, entscheidet der Therapeut je nach Einzelfall; oft genügt eine Sitzung pro Woche, teilweise empfehlen sich aber (zumindest einleitend) auch zwei oder mehr wöchentliche Sitzungen.

Es gibt unterschiedliche Techniken, um die Trance einzuleiten und zu vertiefen.

Die Technik zur Einleitung und Vertiefung der Trance ist unterschiedlich. Der Therapeut wird die auswählen, die er selbst gut beherrscht und die den Bedürfnissen des Klienten am besten entspricht. Bei korrekter Durchführung kommt es nicht so sehr darauf an, welche Technik angewendet wird. Die einmal ausgewählte Methode sollte allerdings nicht ohne triftigen Anlaß verändert werden. Bei häufigerem Wechsel der Techniken kann sich kein Gewöhnungseffekt einstellen, die meist unterschwellig vorhandenen Ängste werden nie ganz abgebaut. Außerdem verliert der Klient vielleicht das Vertrauen zum Therapeuten, wenn dieser mit immer neuen Techniken scheinbar experimentiert.

Umstritten ist, ob elektronische und medikamentöse Hilfen zur Hypnose angezeigt sind. Bei Menschen, die sehr nervös, angespannt und/oder ängstlich wirken, kann der Therapeut anfangs aus gutem Grund mit solchen Hilfsmitteln arbeiten, damit der Klient bald eine erste Wirkung verspürt. Dauernd sollten derartige Hilfen aber nur ausnahmsweise gebraucht werden. Der erfahrene Therapeut kommt meist ohne sie aus.

Umschaltung auf Ruhe

Nur Menschen, die eine Entspannungstechnik gut beherrschen, können sofort von der Anspannung des Alltags auf tiefe innere Ruhe umschalten. Im Lauf der Zeit erlernt man das auch durch die Selbsthypnose gut. Anfänger benötigen aber zumeist eine gewisse Zeit, um vor der eigentlichen Hypnose in Entspannung zu gelangen.

Häufig genügt es bereits, wenn man einfach auf der Couch liegt oder im bequemen Sessel sitzt und die Gedanken zwanglos kommen und gehen läßt. Nach einigen Minuten kann das automatisch zur Umschaltung des vegetativen Nervensystems mit allgemeiner Beruhigung führen. Besonders suggestible Menschen gleiten dabei häufig schon in ein Vorstadium der Hypnose.

Tip

Verbessert wird die Wirkung, wenn Sie sich auf die Atmung konzentrieren, bewußt jeden einzelnen Atemzug wahrnehmen, aber nicht willentlich beeinflussen. Allmählich wird die Atmung dadurch tiefer und langsamer, was in einem **Rückkopplungsprozeß** allgemein beruhigt. Die veränderte Atmung erzeugt außerdem biochemische Veränderungen im Körper, die mit zur Beruhigung beitragen.

Zum Teil setzen Therapeuten in dieser vorbereitenden Phase auch beruhigende Musik ein, um die Lösung vom Alltagsstreß zu beschleunigen. Manchen Menschen hilft das sehr gut, andere fühlen sich dadurch eher gestört. Teilen Sie dem Therapeuten unbedingt mit, wenn die Musik bei Ihnen keine Beruhigung, sondern Ablenkung erzeugt.

Sobald auf diese Weise eine allgemeine Beruhigung eingetreten ist, beginnt der Therapeut mit der Einleitung der Hypnose. Dazu stehen verschiedene Techniken zur Verfügung. Die gebräuchlichsten lernen Sie jetzt kurz kennen, damit Sie sich den Ablauf der Hypnose besser und ohne Angst vorstellen können.

Techniken zur Einleitung der Hypnose

Verbale Einleitung

Diese Technik wird heute häufig angewendet. Sie leitet die Hypnose durch gesprochene Suggestionen ein, die auf der Kenntnis dessen beruhen, was Menschen erleben, wenn sie sich tief entspannen. In erster Linie werden Schwere, Wärme und Müdigkeit suggeriert, die körperlich und seelisch-geistig entspannen und schließlich zur Trance führen. Darüber hinaus wirkt auch noch der monotone Redefluß des Hypnotiseurs, der gleichfalls zur Entspannung beiträgt.

Die Formulierung der Suggestionen erfolgt individuell und wird möglichst den Reaktionen des Klienten angepaßt, die teilweise äußerlich erkennbar sind. Der erfahrene Therapeut kann mit dieser Technik fast immer eine tiefe Trance herbeiführen.

Faszinationstechnik

Bei dieser Methode fixiert der Klient die Augen des Therapeuten. Dadurch wird seine Aufmerksamkeit immer stärker eingeschränkt, allmählich kommt es zur Trance. Das kann durch verbale Suggestionen unterstützt werden, wirkt aber auch allein oft sehr gut.

Die Technik wird heute seltener angewendet. Für den Therapeuten ist sie anstrengend, die Wirkung hängt mit von seiner Persönlichkeit ab. Die Klienten empfinden die Methode zum Teil als autoritär und entwickeln unwillkürlich innere Widerstände dagegen. Im Einzelfall kommt die Faszinationsmethode aber durchaus in Frage, vor allem kombiniert mit der verbalen Technik.

Fixationstechnik

Grundlage dieser Methode bilden die asiatischen Meditationsformen, bei denen die Augen in eine bestimmte Stellung gebracht werden, in der die Augenmuskeln rasch ermüden. Über das vegetative Nervensystem setzt sich diese Entspannung dann automatisch in die übrige Muskulatur fort, allmählich gleitet man in die Trance. Oft wird die Methode mit der verbalen Einleitung kombiniert.

Im Gegensatz zur Faszinationstechnik fixiert der Klient nicht die Augen des Therapeuten, sondern dessen Finger oder einen beliebigen Gegenstand, der vor die Augen gehalten wird. Der Abstand zwischen Augen und Fixationsobjekt wird variiert, damit sich die Pupillenweite verändert; diese Reaktionen kann der Therapeut sofort für verbale Suggestionen nutzen. Allmählich werden die Augenlider schwer, flattern und fallen schließlich zu oder werden bei Bedarf vom Therapeuten durch leichten Fingerdruck endgültig geschlossen.

Wichtig

Bei dieser Methode muß unbedingt beachtet werden, daß man keine **Spontanhypnose** vorprogrammiert. Wenn der Klient lernt, durch Fixation des Fingers oder alltäglicher Gegenstände in Trance zu gleiten, besteht die Gefahr, daß es dazu ungewollt auch im Alltag kommt, wenn er zufällig solche Objekte fixiert.

Deshalb muß ausdrücklich suggeriert werden, daß die Trance beim Fixieren nur während der Therapie, nie im täglichen Leben eintritt. Unter dieser Voraussetzung kann die Fixationstechnik, kombiniert mit verbalen Suggestionen, zur Einleitung der Hypnose empfohlen werden.

Haptische Technik

Diese Methode ähnelt dem Verfahren, mit dem Dr. Mesmer das »magnetische Fluidum« zu beeinflussen glaubte. Im allgemeinen führt der Therapeut dabei mit den Handinnenflächen **Bestreichungen** des ganzen Körpers in einer bestimmten Reihenfolge durch, die individuell variiert wird. Meist berühren die Handflächen den Körper nicht, sondern bestreichen im Abstand von 1 bis 2 cm; manche Therapeuten bevorzugen aber den direkten Hautkontakt.

Die haptische Technik wirkt meist gut entspannend und beruhigend, vor allem bei Kombination mit verbalen Suggestionen. Sie wird heute jedoch seltener durchgeführt, vor allem auch wegen möglicher sexueller Empfindungen, die dadurch beim Klienten ausgelöst werden können. Der erfahrene Therapeut kann damit aber richtig umgehen und erzielt oft eine gute Trance.

Vestibuläre Technik

Diese Methode empfinden die meisten Klienten als unangenehm, sie wird nur noch selten benutzt. Man reizt dazu den **Vestibularapparat** im Innenohr, der für das Gleichgewicht zuständig ist. Dabei entstehen Schwindelgefühle, die das Bewußtsein einschränken, aber auch nicht ganz unbedenklich sind. Nur ausnahmsweise ist diese Technik noch angezeigt, um verbale Suggestionen zu verstärken.

Optische Technik

Dabei werden die verbalen Suggestionen durch optische Reize verstärkt, nur selten wendet man die optische Technik allein an. Die Reize werden vorwiegend durch Farbtafeln erzeugt, die eine einheitliche Farbfläche oder 2 Farbflächen mit **Komplementärfarben** aufweisen. Wenn der Klient sie einige Zeit fixiert, kommt es zu Ermüdung der Augen und optischen Täuschungen mit Veränderungen der Farbwahrnehmung. Der Therapeut kennt diese Veränderungen im voraus, weil sie bei allen Menschen eintreten, und kann sie in seine Suggestionen einbauen, um die Einleitung der Hypnose zu beschleunigen.

Die optischen Reize werden meist mit verbalen Suggestionen kombiniert, um die Trance zu fördern.

Verbessert wird die Wirkung noch durch Veränderung der **Lichtstärke**. Vor allem die langsame Verringerung der Lichtstärke, die den Raum allmählich abdunkelt, kann tiefe Entspannung und Trance fördern.

Atemtechniken

Bestimmte Atemübungen werden seit Jahrtausenden bei den verschiedenen asiatischen **Meditationsformen** eingesetzt, um die tiefe Versenkung zu begünstigen. Auch die Trance kann dadurch eingeleitet werden. Die Wirkung erklärt sich einmal aus der Entspannung der Atemmuskulatur beim verlangsamten tieferen Atmen, zum anderen aus den biochemischen Veränderungen im Körper, die durch die geänderte Atmung auftreten. Allerdings sind Atemübungen nicht immer angezeigt, vor allem bei Herz-Kreislauf- und Atemwegserkrankungen können sie zu unerwünschten Nebenwirkungen führen. Deshalb bleiben sie der fachlichen Anweisung vorbehalten.

Beachten Sie

Oft muß man keine speziellen Atemübungen durchführen, sondern kann allein durch Konzentration auf die Atmung schon eine allgemeine Beruhigung und Entspannung herbeiführen. Damit wird der Klient dann zugänglicher für die verbalen Suggestionen zur Einleitung der Hypnose.

Aromastoffe und Medikamente

Im allgemeinen benötigt der erfahrene Therapeut keine Arzneimittel, um die Hypnose einzuleiten. Mit etwas Geduld und der individuell richtigen Technik gelingt es meist auch bei unruhigen, ängstlichen und verspannten Klienten, eine ausreichende Trance herbeizuführen.

Im Einzelfall kann es aber sinnvoll sein, die **Narkohypnose** mit beruhigenden, entspannenden Arzneimitteln durchzuführen. Wenn der Klient nämlich zu lang auf die Wirkung warten muß, verliert er oft das Vertrauen und bricht die Therapie vorzeitig ab.

Die medikamentöse Vorbereitung führt rasch zur spürbaren Entspannung und motiviert deshalb, die Hypnosetherapie fortzuführen. Die Arzneimittel programmieren allmählich die Umschaltung des vegetativen Nervensystems auf Ruhe und Entspannung vor. Dieser Lernprozeß macht schließlich die Medikamente überflüssig.

Naturheilmittel wie Baldrian oder Hopfen können die Einleitung der Hypnose unterstützen.

Die Auswahl der geeigneten Arzneimittel bleibt dem Therapeuten vorbehalten. Oft genügen unbedenkliche **Naturheilmittel**, zum Beispiel Baldrian, Hopfen oder homöopathische Wirkstoffe, die individuell verordnet werden. Chemische **Psychopharmaka**

(Tranquilizer) sollten nur ausnahmsweise gebraucht werden, wenn anders keine ausreichende Wirkung erzielt wird.

Als Alternative zu Medikamenten kommen verschiedene aromatische Öle in Frage. Sie werden meist eingeatmet und wirken direkt auf einen Teil des Gehirns, der als limbisches System bezeichnet wird. Über dieses Hirnareal können unter anderem Gefühle und Verhalten beeinflußt werden. Die Auswahl der geeigneten Aromastoffe trifft der erfahrene Therapeut, unter anderem eignen sich zum Beispiel Melisse, Pfefferminze und Weihrauch gut zur Entspannung. Nebenwirkungen sind bei korrekter Anwendung der Aromatherapie nicht zu befürchten.

Fraktionierte Hypnoseeinleitung

Diese Technik wurde erst in neuerer Zeit entwickelt und eignet sich vor allem für Klienten, die auf andere Weise kaum in Trance versetzt werden können. Die Einleitung erfolgt zunächst mit einer der oben beschriebenen Techniken. Sobald der Klient dadurch in eine leichte Trance gelangt und die Augen schließt, wird sie sofort wieder unterbrochen, allerdings nur teilweise zurückgenommen.

Die fraktionierte Hypnoseeinleitung eignet sich für Klienten, die nur schwer in Trance zu versetzen sind.

Der Klient gelangt in einen halbwachen Zustand, in dem er berichtet, wie er die leichte Trance erlebte. Diese Angaben nutzt der Therapeut, um die Trance erneut einzuleiten und jetzt zu vertiefen. Auch danach unterbricht man die Hypnose wieder, damit der Klient über seine Empfindungen berichtet und dadurch Hinweise zur Fortführung der Therapie gibt.

In dieser Weise wird die Hypnose bei der ersten Sitzung 3- bis 5mal wiederholt. Meist gelangt der Klient dadurch schon in eine Trance mittlerer Tiefe, die für die weitere Behandlung genügen kann.

Damit kennen Sie nun die wichtigsten Techniken, mit denen die Hypnose herbeigeführt werden kann. Nach einiger Übung, wenn die Trance sich immer deutlicher einstellt, wird sie durch andere Methoden vertieft. Schließlich tritt eine optimale Trancetiefe ein, in der wirksame Suggestionen für die Zeit danach eingeprägt werden.

Nach der Sitzung muß die Trance sorgfältig aufgehoben werden, sonst bestehen unter Umständen noch stundenlang Müdigkeit und körperliche Mißempfindungen. Es gibt verschiedene Techniken zu dieser **De-Suggestierung**. Zum Teil wendet man die gleiche Methode wie zur Einleitung der Trance an, aber in umgekehrter Reihenfolge, damit der Klient sich schrittweise wieder aus dem Trancezustand löst. Gut eignet sich auch die **Zähltechnik**, bei der zum Beispiel von 10 bis 1 zurückgezählt und mit jeder Zahl eine bestimmte Wachsuggestion verbunden wird, bis der Klient bei 1 wieder völlig wach ist. Vor der Aufhebung der Trance werden meist noch Suggestionen zur Vorbereitung auf die nächste Hypnosesitzung eingeprägt, damit diese leichter, schneller und tiefer in die Trance führt.

Selbständige Hypnose

Da die Suggestionen bei der Fremdhypnose zunächst vom Unbewußten geprüft und erst danach wahrscheinlich wie eigene Suggestionen angenommen werden, kann die Hypnose grundsätzlich auch selbständig versucht werden. Sie wirkt dann ähnlich wie andere Entspannungs- und Meditationstechniken. Die Grundlagen der Selbst-(Auto-)Hypnose entsprechen denen der Fremdhypnose; sie beruht also ebenfalls auf natürlichen seelisch-geistigen und körperlichen Vorgängen, die gezielt zur Lebenshilfe und Therapie psychischer Probleme genutzt werden.

Selbsthypnose kann gezielt zur Lebenshilfe und Behandlung psychischer Probleme eingesetzt werden.

Grundsätzlich empfiehlt es sich, die Selbsthypnose mit einem erfahrenen Therapeuten zu besprechen. Wenn sie lediglich als tägliche Lebenshilfe angewendet wird, ist das nicht unbedingt erforderlich, aber zur Selbstbeeinflussung seelischer Störungen sollte immer die Anleitung und Überwachung durch den Therapeuten gesucht werden. Er kann die individuell richtigen Techniken und Suggestionen verordnen, die Fehler und Mißerfolge ersparen.

Oft wird der Therapeut auf Wunsch des Klienten zunächst einige einleitende Hypnosesitzungen durchführen, in denen die spätere Selbsthypnose regelrecht vorprogrammiert wird; dann wirkt sie meist besonders gut.

Die Autohypnose bietet im Vergleich zur Fremdhypnose einige **Vorteile**, die ihre Durchführung erleichtern und die Wirkung verbessern:

Vorteile der Selbsthypnose

1. Die selbständig eingeprägten Suggestionen werden vom Unbewußten häufig schneller angenommen, weil keine Beeinflussung von außen Widerstände dagegen weckt; deshalb wirken sie oft auch schneller.
2. Ferner kommt selbständige Hypnose dem zunehmenden Bedürfnis der Menschen entgegen, mehr Eigenverantwortung für ihre Gesundheit zu übernehmen.
3. Nicht zuletzt kann die Selbsthypnose unabhängig durchgeführt werden, paßt sich also besser den individuellen Bedürfnissen und Erwartungen an.

Allerdings gibt es auch einige **Nachteile** bei der Selbsthypnose:

Nachteile der Selbsthypnose

1. Fehler können dabei auftreten und die Wirkungen einschränken. Dann entwickeln sich häufig Zweifel und Mißtrauen gegen die Methode, die manchmal den Abbruch der Therapie veranlassen.
2. Bei nicht korrekter Durchführung können auch unerwünschte Begleiterscheinungen auftreten, die der Therapeut bei der Fremdhypnose weitgehend verhindert.
3. Schließlich besteht die Gefahr, daß nicht regelmäßig geübt wird und die Technik nicht sinnvoll den individuellen Reaktionen angepaßt werden kann.

Das alles spricht nicht grundsätzlich gegen die Selbsthypnose, aber man muß sich ihrer Grenzen bewußt bleiben und bei Bedarf immer fachlichen Rat einholen.

Die Techniken und Anwendungsmöglichkeiten der Selbsthypnose werden später noch ausführlich vorgestellt (siehe Seite 79 ff.). Daher erübrigt es sich, an dieser Stelle noch weiter darauf einzugehen.

Ähnliche Techniken

Neben der Selbsthypnose gibt es verschiedene andere Techniken zur Entspannung und Autosuggestion. Sie beruhen teils auf ähnlichen Grundlagen wie die Hypnose, zum Teil gehen sie auf traditionelle asiatische Heilverfahren zurück. Ob man sich für die Selbsthypnose oder eine andere Methode entscheidet, bleibt letztlich der persönlichen Entscheidung vorbehalten, die im Zweifel mit dem Therapeuten besprochen wird. Die wichtigsten dieser verwandten Techniken werden kurz vorgestellt.

Autogenes Training (AT)

Es wurde in den 30er Jahren von **Professor Johannes H. Schultz** eingeführt und beruht zum Teil auf seinen Erfahrungen mit der Hypnose. Das Ziel des Autogenen Trainings besteht in tiefer Entspannung, die durch gezielte Autosuggestion ergänzt werden kann.

Die **AT-Unterstufe** enthält 6 Übungen, die jeweils innerhalb von 2 Wochen erlernt werden. Zunächst führt man durch Vorstellungen von Schwere und Wärme in einem Arm eine leichte Entspannung herbei, die sich aus dem Arm automatisch in den gesamten Körper ausbreitet. Danach werden durch gezielte Vorstellungen die Herz- und Atemfunktionen harmonisiert. Anschließend suggeriert man sich Wärme im Leib (Sonnengeflecht) und zum Abschluß leichte Kühle auf der Stirn.

Autogenes Training zählt zu den beliebtesten Entspannungsmethoden.

Durch regelmäßiges Training stellt sich die tiefe Entspannung immer rascher und deutlicher ein. Geübte können durch eine Kurzformel praktisch überall in Minutenschnelle tiefe innere Ruhe und Entspannung erzeugen. Sobald dies gelingt, kann unter fachlicher Anleitung die **AT-Oberstufe** erlernt werden, die neben vertiefter Entspannung und stärker wirksamen Suggestionen auch noch Selbsterkenntnis und Selbstverwirklichung fördert.

Beachten Sie

Das AT eignet sich ähnlich gut wie Selbsthypnose als tägliche Lebenshilfe und zur alleinigen oder ergänzenden Therapie psychischer und psychosomatischer Störungen. Der systematische Aufbau der Übungen erleichtert das selbständige Training, läßt aber nicht so viel Freiraum zur individuellen Anpassung der Übungen wie die Selbsthypnose und erscheint manchen Menschen zu kopflastig.

Progressive Relaxation

Sie wurde im englischsprachigen Raum ähnlich bekannt wie AT bei uns. Eingeführt wurde die Technik der fortschreitenden Entspannung Ende der 20er Jahre von **Edmund Jacobson**. Die Wirkungen entsprechen ungefähr denen des AT, bei der Technik besteht aber ein entscheidender Unterschied: Während AT die Entspannung allein durch Vorstellungen herbeiführt, erlebt man sie bei der progressiven Relaxation unmittelbar. Dabei stellt man sich nämlich nicht nur Zustände vor, die zur tiefen Entspannung führen, sondern spannt Schritt für Schritt einzelne Muskelpartien kurz stark an und löst sie dann wieder. Das gelingt nach etwas Übung gut, die Entspannung der Muskulatur wird nach der vorherigen Anspannung besonders deutlich erlebt.

Wichtig

Die progressive Relaxation eignet sich am besten für die Menschen, denen es nur schwer gelingt, sich allein durch Vorstellungen zu entspannen.

Ihnen kann diese Methode besser als jede andere Entspannungs- und Autosuggestionstechnik helfen. Sie muß allerdings unbedingt unter fachlicher Anleitung erlernt werden.

Couéismus

Der französische Apotheker und Psychotherapeut **Emile Coué** befaßte sich eingehend mit der Hypnose. Danach entwickelte er seine einfache, aber häufig gut wirksame Technik zur unspezifischen positiven Autosuggestion. Sie fand vor allem zu Beginn des 20. Jahrhunderts viele begeisterte Anhänger. Die meisten Menschen können diese Methode ohne längeres Training sofort selbständig anwenden.

Wichtig

Im Prinzip kennt der Couéismus nur eine **Generalformel**, die jeden Tag verwendet werden soll. Sie lautet: *»Von Tag zu Tag, in jeder Hinsicht, geht es mir besser und besser.«*

Diese absichtlich allgemein gehaltene Formel murmelt man beim Üben mindestens 30mal vor sich hin, damit sie bald dem Unbewußten eingeprägt wird. Die monotone Wiederholung leitet nach etwas Übung meist eine tiefe Entspannung ein. Mit der einfachen Generalformel erfaßt man praktisch alle negativen körperlichen und seelisch-geistigen Zustände, die nach unterschiedlich langer Zeit oft erstaunlich gut darauf ansprechen.

Die Technik des Couéismus ist einfach zu lernen und kann sofort selbständig durchgeführt werden.

Zur Soforthilfe bei akuten Beschwerden führte Coué später noch eine weitere Generalformel ein, die mit der ersten kombiniert werden kann. Sie lautet: »*Das geht vorbei, das geht vorbei.*«

Auch diese Autosuggestion wird bei jeder Übung monoton mindestens 30mal gemurmelt, bis ihre Wirkung eintritt. Bei Bedarf kann das stundenlang mit kurzen Pausen durchgeführt werden, zum Beispiel gegen akute Schmerzen.

In den 30er Jahren büßte der Couéismus rasch seine Bedeutung ein, unter anderem durch die Einführung des spezifischer wirkenden AT. Man kritisierte daran vor allem, daß die Generalformeln nicht individuell variiert wurden und die Autosuggestion zum Teil lediglich Symptome unterdrückte, aber nicht die Ursachen heilte. Das bildet zweifellos ein Risiko, das jedoch nicht allein beim Couéismus, sondern praktisch bei jeder Form der Selbstbeeinflussung besteht und durch geeignete Vorsichtsmaßnahmen verringert werden kann. Diese Kritik spricht also nicht grundsätzlich gegen den Couéismus, dessen entscheidender Vorteil in der einfachen Durchführung besteht.

Yoga

Yoga wurde vor 6 bis 7 Jahrtausenden in Indien zu Kultzwecken eingeführt. Inzwischen nutzt man ihn in vereinfachter Form *(Westyoga)* auch bei uns häufig zur Meditation.

Es gibt verschiedene Yogaschulen mit unterschiedlichen Zielen und Techniken. Das Grundziel besteht praktisch immer darin, Körper und Psyche durch den Geist zu beherrschen und sich tief zu versenken, bis man zur Gotteserkenntnis gelangt und eins mit der Gottheit wird. Der traditionelle Weg dazu beginnt mit den folgenden 5 Übungen:

1. Moralisches Wohlverhalten im Alltag
2. Äußere und innere Reinheit
3. Körperliche Übungen und Haltungen, die Konzentration und Versenkung fördern
4. Beherrschung und Vertiefung der Atmung
5. Abkehr der Sinne von der Außenwelt

Diese 5 Grundübungen sind im allgemeinen auch dem Europäer problemlos zugänglich. Häufig betont Westyoga die Übungen der 3. und 4. Stufe und wirkt deshalb wie eine Art »Gymnastik mit Atemschulung«. Das entspricht zwar nicht dem Sinn der traditionellen Yogalehre, kann für Europäer aber bereits genügen.

In Europa wird Yoga vor allem zur Entspannung genutzt.

Die **hohe Schule des Yoga** können viele Europäer nicht vollständig erlernen, denn sie beruht auf religiös-weltanschaulichen Vorstellungen, die für uns nur bedingt nachvollziehbar sind. Mit Hilfe eines erfahrenen seriösen Yogalehrers gelingt es aber auch manchem gut motivierten Europäer, sich dem höchsten Ziel der Yogaübungen wenigstens anzunähern. Dazu werden die folgenden 3 Übungen durchgeführt:

1. Konzentration der Gedanken in eine bestimmte Richtung, was Europäern zum Teil (wenngleich nicht so gut wie indischen Yogis) noch gelingt.
2. Meditation, die Europäern für kurze Zeit möglich sein kann, während indische Yogis tage- bis wochenlang ununterbrochen fast ohne Nahrung meditieren.
3. Versenkung und Einswerden mit der Gottheit als höchste Stufe, die Europäer fast nie erreichen; aber das ist für die angestrebte Wirkung auch nicht unbedingt notwendig.

Im allgemeinen führen Europäer die Yogaübungen zur Entspannung, Konzentrationssteigerung und Kontrolle des vegetativen Nervensystems durch. Dazu genügen die ersten 5 bis 6 Übungen, die unter fachlicher Anleitung erlernt und dann regelmäßig selbständig fortgeführt werden sollen. Schon dadurch kann das

Leben allmählich grundlegend geändert und mit neuen Werten und Zielen erfüllt werden. Diese Aufgabe endet nie, beim Yoga gilt »der Weg ist das Ziel«, nach dem man lebenslang strebt.

Beim Yoga »ist der Weg das Ziel«.

Wenn Yoga heute viele Europäer anspricht, erklärt sich das aus dem urmenschlichen Bedürfnis nach transzendentalen Erfahrungen jenseits von Verstand und Logik. AT und progressive Relaxation können dieses Bedürfnis kaum erfüllen, weil sie auf westlichen Anschauungen beruhen. Yoga dagegen entspricht gerade diesem Wunsch und kann deshalb besonders gut helfen. Allerdings darf das nicht zur Flucht aus der Realität führen; Yoga soll im Gegenteil dazu befähigen, die Realität besser zu bewältigen.

Transzendentale Meditation (TM)

Sie entstand in den 60er Jahren und fand rasch viele Anhänger. Vom traditionellen Yoga unterscheidet sie sich vor allem durch die sehr einfache Technik, die in wenigen Einführungsstunden erlernt werden kann. Die Wirkungen stehen denen des Yoga nicht nach und wurden durch wissenschaftliche Untersuchungen zweifelsfrei abgesichert. Es gibt aber auch viel Kritik an der Methode, auf die hier nicht weiter eingegangen werden soll.

Die Technik der TM kann sehr schnell erlernt werden.

Auch TM strebt körperliche und seelisch-geistige Entspannung und schließlich tiefe Versenkung und Verinnerlichung an. Dadurch gelangt man zum harmonischen Einklang mit sich selbst, definiert neue Werte und Ideale und erzielt oft einen grundlegenden Wandel eines unbefriedigenden Lebens. Viele Menschen wenden TM allerdings nur als Entspannungstechnik an und verzichten auf die tiefgreifenderen Wirkungen. Auch dann erzielt man schon gute Ergebnisse und läuft nicht Gefahr, aus der Realität zu fliehen.

Wichtig

Wenn TM unter seriöser fachlicher Anleitung erlernt wird, eignet es sich gut als Alternative zu AT und ähnlichen Entspannungstechniken. Die Methode sollte regelmäßig als Lebenshilfe und zur Gesundheitsvorsorge trainiert werden.

Der Zustand der Trance

Auch der erfahrene Therapeut oder Hypnoseforscher kann den Zustand der Trance nicht genau definieren. Am ehesten läßt er sich als eine Art **eingeschränktes Bewußtsein** beschreiben, vergleichbar etwa den Empfindungen zwischen Wachen und Schlafen, die sich abends kurz vor dem Einschlafen und morgens vor dem völligen Erwachen einstellen. Das veranschaulicht einmal mehr, daß die Trance ein natürlicher und alltäglicher Zustand ist, den wir unwillkürlich alle immer wieder erleben. Bei der Hypnose wird er gewollt und gezielt herbeigeführt, um das Unbewußte für Suggestionen zu öffnen.

Die Trance ist ein natürlicher Zustand, den wir unwillkürlich immer wieder erleben.

Individuelle Reaktionen

Der obige Versuch, die Trance genauer zu beschreiben, muß zwangsläufig Stückwerk bleiben. Im Grunde erlebt nämlich jeder Mensch den Zustand individuell verschieden. Es wäre deshalb falsch, ihn hier ausführlicher darzustellen. Damit erreichte man lediglich, daß der Klient vielleicht auf ein bestimmtes Erleben der Trance geradezu vorprogrammiert wird, selbst wenn es nicht seinen individuellen Reaktionen entspricht; das könnte dann auch die Wirkung einschränken.

Manche Menschen versinken während der Hypnose in Schlaf und können sich nach dem Erwachen an nichts mehr erinnern. Bei anderen bleiben bruchstückhafte Erinnerungen zurück. Viele, vor allem Anfänger, geben an, daß sie jedes Wort verstanden und stets die Kontrolle über sich behielten. Letztere bezweifeln dann oft, daß sie sich überhaupt in Trance befanden. Alle diese Beschreibungen des erlebten Trancezustands sind individuell »richtig« und müssen nicht weiter hinterfragt werden. Der Klient erlebte die Trance aufgrund seiner Persönlichkeit, Erwartungen und Vorstellungen in dieser für ihn typischen Weise. Das ist eine Tatsache, die einfach als gegeben akzeptiert wird.

Dem Therapeuten gibt die Schilderung der persönlichen Trance-Erfahrung aber wichtige Hinweise für die nächste Hypnosesitzung. Er kann zum Beispiel die Suggestionen so formulieren, daß sie dem persönlichen Erlebnis der Trance genau angepaßt sind und deshalb schneller und deutlicher wirken. Teilweise lassen

Der Zustand der Trance wird von jedem Menschen ganz individuell erlebt.

sich aus den Angaben des Klienten auch Rückschlüsse auf die Tiefe der Trance ziehen.

Für die Wirksamkeit der Hypnose spielt die individuelle Erfahrung des Trancezustands keine nennenswerte Rolle. Auch die Tiefe der Hypnose ist von untergeordneter Bedeutung. Schon eine leichte Trance kann zu guten Ergebnissen führen, ein tieferes Trancestadium ist dazu nicht unbedingt erforderlich.

Wichtig

Bei der Selbsthypnose dürfen Sie sich nicht zu sehr auf die Tiefe der Trance konzentrieren. Das könnte innere Anspannung und Widerstände provozieren, also die Wirkungen behindern. Nehmen Sie die Trance einfach so an, wie sie sich beim Training einstellt, dann hilft sie auch. Mit zunehmender Erfahrung vertieft sich das Trancestadium allmählich meist von selbst, dazu bedarf es keiner zusätzlichen Techniken.

Stufen der Hypnose

Auf Grund praktischer Erfahrungen und wissenschaftlicher Forschungen unterscheidet man heute 4 große **Stadien** der Trance, die in insgesamt 30 **Stufen** eingeteilt werden. Die meisten Menschen sind zumindest in der Lage, eine leichte Trance zu erleben, die zur therapeutischen Suggestion oft bereits genügt. Viele gelangen nach unterschiedlich langem Training aber in ein mitteltiefes Trancestadium, einige versinken in tiefe Trance, die aber lediglich für experimentelle Forschungen von praktischer Bedeutung ist.

Vorstadium der Trance

Stufe 1:	Beginnende Entspannung
Stufe 2:	Vertiefte Entspannung
Stufe 3:	Flattern der Augenlider
Stufe 4:	Schließen der Lider
Stufe 5:	Tiefe Entspannung

Leichte Trance

Stufe 6:	Augen und Lider unbeweglich
Stufe 7:	Beginnende Katalepsie der Glieder, die in der Stellung bleiben, in die sie vom Therapeuten gebracht werden
Stufe 8/9:	Ausbreitung der Katalepsie in den übrigen Körper
Stufe 10:	Starre des gesamten Körpers
Stufe 11:	Verminderte Berührungsempfindlichkeit der Hand, Berührungen werden wie durch einen dicken Handschuh wahrgenommen

Mitteltiefe Trance

Stufe 12/13:	Beginnender teilweiser Gedächtnisverlust nach dem Erwachen, der sich auf die Zeit der Hypnose bezieht
Stufe 14/15:	Schmerzunempfindlichkeit nach der Hypnose wird möglich
Stufe 16/17:	Therapeutische Suggestionen zur Beeinflussung der Persönlichkeit werden möglich
Stufe 18:	Einfache posthypnotische Suggestionen werden angenommen und nach beendeter Hypnose automatisch befolgt
Stufe 19/20:	Völliger Gedächtnisverlust nach dem Erwachen für die Zeit der Hypnose, aber die Suggestionen werden unbewußt befolgt; außerdem können Bewegungsillusionen suggeriert werden

Stufe 21/22:	Nach Suggestion durch den Therapeuten können die Augen geöffnet werden, ohne daß die Trance sich verändert
Stufe 23:	Unlogische Suggestionen werden nach dem Erwachen aus der Trance befolgt, sofern sie nicht persönlichkeitsfremd sind
Stufe 24/25:	Völliger Somnambulismus, wobei der Therapeut Bewegungen (eine Art Schlafwandeln) ohne Unterbrechung der Trance suggerieren kann
Stufe 26:	Suggestion optischer Halluzinationen nach der Trance wird möglich
Stufe 27:	Suggestion akustischer Halluzinationen nach der Trance wird möglich
Stufe 28:	Suggestion von Gedächtnislücken nach der Trance wird möglich, wobei zum Beispiel belastende Erinnerungen »vergessen« werden
Stufe 29:	Negative* akustische Halluzinationen nach der Trance werden möglich
Stufe 30:	Negative* optische Halluzinationen nach der Trance werden möglich

* Negative Halluzination bedeutet, daß man auf Grund entsprechender Suggestionen während der Trance nach dem Erwachen bestimmte Sinneseindrücke nicht mehr wahrnimmt.

Wie tief der Klient in der Trance versunken ist, kann der Therapeut an verschiedenen Anzeichen recht zuverlässig beurteilen. Unter anderem zeigen Art des Lidschlusses und Katalepsie (siehe Trance-Stufe 7) an, wie tief die Trance eingetreten ist. Darauf soll hier aber nicht weiter eingegangen werden; es besteht sonst die Gefahr, daß Sie bei einer späteren Fremdhypnose durch diese Beschreibung unerwünscht beeinflußt werden.

Bei der Selbsthypnose kann die Tiefe der Trance nicht selbst kontrolliert werden. Achten Sie überhaupt nicht darauf, welche Trance-Stufe dabei erreicht wird, das erzeugt nur unnötige innere Spannungen.

3 KAPITEL

Anwendungsgebiete der Hypnose

Die Hypnose wirkt umfassend auf seelisch-geistige und körperliche Funktionen, vor allem auf die natürlichen Selbstheilungskräfte. Als Allheilmittel darf man sie zwar nicht mißverstehen, aber es gibt doch kaum eine psychische, psychosomatische oder körperliche Störung, bei der die Methode nicht zumindest ergänzend neben anderen Heilverfahren angewendet werden könnte. Unabhängig von Krankheiten dient Hypnose überdies der regelmäßigen Gesundheitsvorsorge und als praktische Lebenshilfe.

Die zahlreichen Anwendungsmöglichkeiten sollen kurz zusammengefaßt werden. Auf die verschiedenen Anwendungsgebiete der Selbsthypnose wird später ausführlich eingegangen.

Hypnose als Lebenshilfe

Die Hypnosetherapie eignet sich ausgezeichnet als Lebenshilfe; sie trägt dazu bei, Aufgaben, Probleme und Krisen des Alltags leichter zu bewältigen, durch tiefe Entspannung mehr innere Ruhe und Gelassenheit zu finden und das Leben aktiv im Einklang mit sich selbst zu gestalten.

Tip

Hypnose kann von Anfang an als **Selbsthypnose** durchgeführt werden, die man am besten Tag für Tag anwendet.
Manchmal ist es aber auch empfehlenswert, sich zunächst durch Fremdhypnose vorzubereiten, um die Technik gut zu beherrschen, und erst danach zur Selbsthypnose überzugehen. Fragen Sie im Zweifel den Therapeuten.

Einfachste Form der Lebenshilfe durch Hypnose ist das regelmäßige **Entspannungstraining**. Die Hypnose wirkt dann ähnlich wie autogenes Training oder progressive Relaxation durch passive Entspannung, die seelisch-geistige und körperliche Funktionen harmonisiert, Anspannung und Streß verringert. Diese Anwendung wird möglichst zweimal täglich je 10 bis 15 Minuten lang durchgeführt. Im Lauf der Zeit lernen Sie, sich immer rascher und tiefer zu entspannen. Geübte können die Entspannung durch Selbsthypnose in Minutenschnelle herbeiführen, unabhängig von äußeren Umständen. Dann hilft sie zum Beispiel sofort bei akuten Aufregungen, Problemen, Konflikten und Beschwerden.

Selbsthypnose fördert durch passive Entspannung die Harmonisierung von Geist und Körper.

Bei ernsteren Krisen kann der Therapeut den **hypnotischen Heilschlaf** anwenden. Er dauert oft mehrere Stunden und wird in Abständen von Tagen bis Wochen mehrmals wiederholt. Bei der Klinikbehandlung wird der Heilschlaf sogar mehrere Tage bis Wochen lang durchgeführt, unterbrochen von kurzen Pausen, in denen die körperlichen Grundbedürfnisse befriedigt werden. Dieser tiefe Hypnoseschlaf bewirkt eine deutliche seelisch-geistige und körperliche **Umstimmung** und aktiviert die Selbstheilungsregulationen. Da in diesem tiefen Schlaf keine anderen Aufgaben ablenken, können sich die Selbstheilungskräfte voll auf die Bewältigung von Problemen und Krisen konzentrieren.

Der hypnotische Heilschlaf weckt die Selbstheilungskräfte des Körpers.

Zur Lebenshilfe wird heute jedoch meist die Hypnose mit aktivgezielten **Suggestionen** bevorzugt, die spezifischer gegen individuelle Probleme und andere Störungen wirken. Letztlich helfen aber auch sie wie der passive Heilschlaf durch Aktivierung der Selbstheilungsregulationen. Es gibt verschiedene Techniken:

Aufdeckende Suggestionstherapie

Sie wirkt ähnlich wie die Freudsche Psychoanalyse und andere tiefenpsychologische Techniken, die verdrängte psychische Inhalte wieder bewußt machen, damit sie nachträglich verarbeitet und endgültig überwunden werden können. Danach wirken sie nicht länger als Krankheitsfaktoren und stören das Leben nicht mehr.

Allgemein gilt

Eine solche Verarbeitung verdrängter psychischer Inhalte dauert oft Jahre und erfordert 100 bis 200 oder noch mehr Sitzungen. Die Erinnerung an die unangenehmen bis schmerzlichen Erfahrungen gelingt nur langsam, weil erhebliche Widerstände dagegen auftreten.

Dieser Nachteil der üblichen Tiefenpsychologie kann durch Hypnose deutlich vermindert werden. In der Trance nimmt die Fähigkeit zu, solche psychischen Inhalte wieder bewußt zu machen, die Widerstände dagegen können weitgehend verhindert werden. Außerdem begünstigen gezielte Suggestionen die Verarbeitung der negativen psychischen Inhalte. Deshalb dauert eine aufdeckende Psychotherapie in Trance durchschnittlich nur 40 bis 100 Sitzungen. Das ist ein entscheidender Vorteil, weil dem Klienten rascher geholfen werden kann.

Die aufdeckenden Suggestionen in Trance können überdies die **Katharsis** begünstigen. Dieses griechische Wort bedeutet »Reinigung«, die durch den Ausbruch der mit verdrängten Erinnerungen verbundenen Gefühle erfolgt. Bei der üblichen tiefenpsychologischen Therapie bestehen große Widerstände gegen diese Gefühle. Die Hypnose dagegen baut die Hemmungen ab, die lange verhindern, daß die unterdrückten Gefühle abreagiert werden. Nach der Katharsis fühlt man sich innerlich befreit und kann das Leben ohne die früheren Belastungen positiver gestalten.

Zudeckende Suggestionstherapie

Sie versucht nicht lange, die verdrängten psychischen Inhalte aufzudecken und zu verarbeiten. Vielmehr setzt man dabei gezielt Suggestionen ein, welche die Symptome rasch lindern und schließlich abbauen. Das allein bedeutet noch keine Heilung, denn die Ursachen bestehen fort und können zu anderen Symptomen führen. Diese Tatsache kritisiert man häufig an der zudeckenden Hypnose.

Allerdings trifft das so pauschal nicht zu. Die Beseitigung der Symptomatik durch zudeckende Suggestionen in Hypnose entlastet zunächst den Klienten, er steht also nicht unnötig lang unter seelischem Leidensdruck. Danach können psychische Selbstheilungsregulationen aktiviert werden und aus eigener Kraft die Ursachen seelischer Störungen überwinden. Gelingt das nicht zufriedenstellend, ergänzt die zudeckende Hypnose zumindest die anderen therapeutischen Maßnahmen. Bei den zahlreichen leichteren psychischen Alltagsproblemen hilft allein die zudeckende Suggestionstherapie meist gut.

Kombination auf- und zudeckender Suggestionen

Sie wird durchgeführt, wenn der Klient zunächst durch symptomlindernde zudeckende Suggestionen entlastet werden soll, danach aber eine Aufarbeitung der verdrängten psychischen Inhalte durch aufdeckende Suggestionen notwendig wird.

Wichtig

Diese Kombination bietet vor allem den Vorteil, daß chemische Psychopharmaka zur Unterdrückung der belastenden Symptomatik meist überflüssig sind oder zumindest kürzer und niedriger dosiert werden können.

Die kombinierte Therapie beginnt in der Regel mit zudeckenden Suggestionen in der Trance. Man wartet dann ab, ob diese ausreichend und anhaltend helfen und die Selbstheilungsregulationen genügend aktivieren. Gelingt keine dauernde Besserung, folgt danach die aufdeckende Hypnose, die nach der vorangegangenen Symptomlinderung oft besser gelingt. Auch hier gilt, daß die Hypnotherapie die tiefenpsychologisch-aufdeckende Behandlung erleichtert und deutlich abkürzt.

Verhaltenstherapie mit Hypnose

Sie versucht nicht, in langwierigen Lernprozessen die Ursachen psychischer Probleme zu erkennen und zu verarbeiten. Sie geht vielmehr davon aus, daß die seelischen Schwierigkeiten ursprünglich erlernt wurden und durch einfaches Um- und Neulernen wieder »verlernt« werden können. Das gelingt meist schneller als bei der tiefenpsychologischen Behandlung.

Die hypnotischen Suggestionen im Rahmen der Verhaltenstherapie sorgen dafür, daß das störende Verhalten schneller verlernt und durch sinnvolle neue Verhaltensweisen ersetzt wird. Die Suggestionen in der Trance programmieren das erwünschte neue Verhalten regelrecht vor und kürzen die Lernprozesse deutlich ab. Widerstände gegen die neuen Verhaltensweisen treten kaum auf, denn wenn die Suggestionen erst einmal vom Unbewußten angenommen wurden, wirken sie daraus automatisch und unwiderstehlich ohne Kontrolle durch Verstand und Willen. Diese Chance zur besseren Wirkung der Verhaltenstherapie durch Hypnose wird leider noch viel zu selten genutzt.

Hypnodrama

Es beruht auf dem psychotherapeutisch oft eingesetzten **Psychodrama.** Dabei kann der Klient seine Probleme, Konflikte und Krisen wie in einem Drama darstellen, sich selbst bewußter machen und verarbeiten. In der »Spielsituation« des Psychodramas gelingt das meist leichter, als wenn er darüber sprechen soll.

Die Hypnose erleichtert die Selbstdarstellung und Katharsis zusätzlich, weil die vorbereitenden Suggestionen und Widerstände abbauen und die Erinnerung an verdrängte Inhalte verbessern. Auch diese Möglichkeit der Lebenshilfe wird noch zu selten genutzt, obwohl sie rasch zu guten Ergebnissen führen kann.

Psychische und psychosomatische Störungen

Die praktische Lebenshilfe läßt sich schwer gegen Beschwerden mit Krankheitswert abgrenzen, die Übergänge sind fließend.

Wichtig

- Als **Lebenshilfe** wird Hypnose angewendet, wenn alltägliche psychische Probleme, Sorgen und Krisen bestehen, die jeder von uns immer wieder einmal erlebt.
- Zur **Therapie** wird die Hypnose, wenn sie sich gegen stärkere seelische oder seelisch verursachte körperliche Beschwerden richtet, die derart belasten, daß sie im weitesten Sinn als Krankheiten zu verstehen sind.

Nervosität

Zu den wichtigsten Anwendungsgebieten der therapeutischen Hypnose gehören die zahlreichen unklaren Symptome, die man unter dem Oberbegriff **Nervosität** zusammenfaßt, vor allem Unruhe, Gereiztheit, Überempfindlichkeit, Schlafstörungen, nervöse Erschöpfung und Leistungsschwäche. Diese verbreiteten Beschwerden erklären sich aus einer Fehlfunktion des vegetativen Nervensystems, oft Folge von Streß, Hektik, Reizüberflutung, Sorgen und Konflikten, aber auch bei körperlichen Krankheiten.

Die Hypnose harmonisiert das vegetative Nervensystem wieder, so daß die nervösen Symptome allmählich nachlassen. Gleichzeitig können gezielt Suggestionen gegen die Ursachen der Nervosität eingesetzt werden. In unklaren Fällen muß aber eine gründliche Untersuchung erfolgen, um mögliche Krankheiten festzustellen, die eine zusätzliche Therapie erfordern.

Angstzustände, depressive Verstimmungen

Eine andere wichtige Heilanzeige der Hypnotherapie bilden **Angstzustände** und **depressive Verstimmungen**. Auch sie treten heute häufig als Folge ungünstiger Lebensbedingungen in der modernen Industriegesellschaft auf, unter anderem durch Überforderung, Versagensängste und Werteverlust. Sie können sich aber auch aus der lebensgeschichtlichen Entwicklung des einzelnen Klienten erklären oder auf körperliche Krankheiten hinweisen. Das muß im Einzelfall durch Untersuchung geklärt werden.

Darüber hinaus gibt es die **endogene Depression**, deren Ursachen nicht nachvollziehbar sind; vermutlich liegen hier Störungen der Botenstoffe (Neurotransmitter) im Gehirn zugrunde.

Hypnose hilft bei Panikattacken und Angstzuständen.

Die Hypnose hilft vor allem bei den Ängsten und Depressionen, die als Reaktion auf äußere Umstände auftreten, zum Beispiel nach Enttäuschungen, Mißerfolgen, sozialen Problemen oder unerlaubtem Verhalten. In solchen Fällen werden gezielte Suggestionen eingesetzt, um die Ursachen zu bewältigen. Außerdem lindert allein schon die Harmonisierung der seelisch-vegetativen Funktionen die Ängste und Depressionen. Bei körperlichen Ursachen muß zusätzlich gezielt behandelt werden. Geringe Erfolgsaussichten der Hypnosetherapie bestehen bei endogenen Depressionen, sie erfordern meist eine medikamentöse Behandlung.

Neurotische Störungen

Die verbreiteten leichteren **neurotischen** Symptome sprechen ebenfalls oft gut auf die Hypnose an. Sie entstehen aus unbewältigt verdrängten Enttäuschungen, Konflikten und ähnlichen negativen Erfahrungen, die häufig bereits in der Kindheit die neurotische Fehlentwicklung vorbereiten. Aus dem Unbewußten wirken solche Faktoren fort und erzeugen unklare Symptome, deren Ursachen nicht mehr bewußt sind und deshalb auch nicht nachträglich sinnvoll verarbeitet werden können. Dazu gehören z.B. neurotische Ängste und Depressionen, Hemmungen, Minderwertigkeitsgefühle und abnorme Verhaltensweisen.

Bei neurotischen Störungen kann die Hypnose als Ergänzung zur Psychoanalyse eingesetzt werden.

Klassische Therapie neurotischer Störungen ist die Freudsche **Psychoanalyse** oder eine verwandte tiefenpsychologische Methode. Dabei werden die verdrängten Krankheitsfaktoren wieder bewußt gemacht und nachträglich verarbeitet, ein langwieriger und oft schmerzlicher Weg. Die Hypnose kann als Alternative zur üblichen Therapie bei Neurosen eingesetzt werden, vor allem mit aufdeckenden Suggestionen. In leichteren Fällen helfen auch zudeckende Suggestionen gut, denn sie schließen die Verdrängung endgültig ab und unterdrücken andauernd die Symptomatik. Genügt das nicht, empfiehlt sich Hypnose ergänzend zur tiefenpsychologischen Therapie, die dadurch erleichtert und abgekürzt wird. Hypnose kann eine Verhaltenstherapie unterstützen, bei der neurotische Symptome wieder »verlernt« werden.

Zwangszustände

Unsichere Erfolgsaussichten der Hypnosetherapie bestehen bei **Zwangszuständen**, die seit einiger Zeit in den westlichen Industrienationen zunehmen.

Die Betroffenen stehen dabei unter dem unwiderstehlichen inneren Zwang, bestimmte Gedanken, Handlungen und Verhaltensweisen zu wiederholen, die sie zwar selbst als sinnlos erkennen, aber nicht beherrschen können. Das führt meist zu erheblichem Leidensdruck.

Die Hypnosetherapie kann bei Zwangszuständen versuchen, die Symptome durch zudeckende Suggestionen zu unterdrücken. Vielen Betroffenen hilft es bereits, wenn ihre quälenden Zwänge wenigstens gemildert werden. Heilung läßt sich auf diese Weise aber kaum erzielen; sie fällt übrigens auch bei anderen Formen der Psychotherapie gegen Zwänge meist sehr schwer. Vor allem die Kombination auf- und zudeckender Suggestionen in der Hypnose kann die anderen Heilverfahren ergänzen. Meist dauert es geraume Zeit, bis die Behandlung die Zwangszustände zufriedenstellend beeinflußt, mit Restsymptomen muß man oft leben. Es besteht überdies die Gefahr, daß zwar die Zwangsphänomene verschwinden, dafür aber andere psychische Beschwerden auftreten; sie erfordern dann eine Anschlußtherapie.

Mit Hilfe von zudeckenden Suggestionen können die Symptome der Zwangszustände unterdrückt werden.

Suchtkrankheiten

Die verschiedenen **Suchtkrankheiten** sprechen zum Teil sehr gut, teils kaum auf Hypnose an. Gute Erfolge erzielt man vor allem bei der Raucherentwöhnung und im Vorfeld der Alkoholabhängigkeit. In solchen Fällen kann allein die Hypnose mit gezielten Suggestionen, die das Suchtverhalten beeinflussen, bald anhaltend helfen.

Nicht so günstig stehen die therapeutischen Chancen beim regelrechten Alkoholismus und bei Arzneimittelabhängigkeit. Die Hypnose trägt zwar auch hier dazu bei, das Suchtverhalten zu »verlernen«, allein genügt sie aber oft nicht. Zusätzlich müssen meist Psychotherapien angewendet werden, die sich gezielt gegen die individuellen Ursachen der Abhängigkeit richten. Medizinisch wird überdies eine körperliche Entgiftung notwendig.

Bei der Raucherentwöhnung erzielt die Hypnose häufig gute Erfolge.

Noch unsicherer erscheinen die therapeutischen Chancen der Hypnose bei Drogenabhängigkeit. Allein hilft sie dagegen fast nie, der erfahrene Suchttherapeut kann sie allenfalls unterstützend einsetzen.

Psychosen

Praktisch nie angezeigt ist die Hypnose bei den schweren seelisch-geistigen Krankheiten, die als **Psychosen** bezeichnet werden (zum Beispiel Schizophrenie). Bei solchen schicksalhaft ins Leben einbrechenden Störungen können psychische Selbstheilungsregulationen durch Hypnose kaum noch aktiviert werden. Häufig nehmen die Patienten die Suggestionen überhaupt nicht an, entwickeln starke Widerstände dagegen oder reagieren mit Angst darauf. Zwar geben manche Therapeuten auch in solchen Fällen gute Erfolge mit Hypnose an, aber das bleiben Ausnahmen.

Allgemein gilt

Grundsätzlich soll Hypnose bei Psychosen nicht versucht werden, unter Umständen könnte sie die psychische Krankheit sogar verschlimmern. Auch in Grenzfällen zwischen Neurosen und Psychosen wird Hypnose nur selten durchgeführt, denn sie könnte den Übergang in die Psychose beschleunigen.

Psychosomatische Krankheiten

Eine »Domäne« der Hypnosetherapie sind die zahlreichen **psychosomatischen Krankheiten**, bei denen seelische Einflüsse allein oder teilweise zu körperlichen Störungen führen. Hauptsächlich betreffen die psychischen Faktoren jene Organsysteme, die vorher bereits durch Krankheiten geschwächt waren und den seelischen Einflüssen deshalb geringeren Widerstand entgegensetzen können.

Kennzeichen psychosomatischer Erkrankungen

Typisch für solche Erkrankungen ist, daß

- die psychischen Hintergründe der körperlichen Symptomatik nicht bewußt sind und von den Betroffenen oft energisch bestritten werden;
- bewährte Heilverfahren gegen die körperlichen Beschwerden nicht oder nur unzulänglich helfen, so daß die Patienten oft jahrelang von einem Arzt zum anderen irren und schließlich als »eingebildete Kranke« abqualifiziert werden, obwohl sie subjektiv mindestens ebenso stark wie bei rein körperlichen Krankheiten leiden.

Wenn die psychischen Faktoren endlich erkannt werden, besteht die Therapie oft nur in Verordnung chemischer Arzneimittel, die zu ganz erheblichen Nebenwirkungen führen können. Hypnose macht solche Medikamente häufig überflüssig oder erlaubt zumindest eine kürzere und niedriger dosierte Anwendung. Durch individuell passende Suggestionen werden gezielt die körperlichen Beschwerden gelindert, darüber hinaus erfassen andere Suggestionen die psychischen Ursachen.

Suggestionen in Hypnose können gezielt gegen körperliche und psychische Störungen wirken.

Das seelische Befinden spielt nach heutiger Kenntnis wahrscheinlich bei allen körperlichen Krankheiten eine mehr oder minder große Rolle, angefangen beim banalen Schnupfen bis hin zu Krebserkrankungen. Die Zusammenhänge zwischen Körper und Seelenleben wurden erst ansatzweise geklärt. Besonders wichtig erscheinen bisher die Forschungen der Neuro-Psycho-Immunologie, nach denen psychische Vorgänge über das Nervensystem und durch »Botenstoffe« im Blut bis in jede einzelne Zelle hinein auf die Abwehr- und Selbstheilungsregulationen wirken. Das muß noch weiter erforscht werden.

Erkrankungen, die in enger Beziehung zum seelischen Befinden stehen

Bei einigen typischen psychosomatischen Krankheiten stehen die Beziehungen zum Seelenleben bereits eindeutig fest. Dazu gehören vor allem:

- Herz-Kreislauf-Funktionsstörungen, zum Beispiel nervöse Herzrhythmusstörungen, Angina-pectoris-Anfälle, manche Formen des hohen oder niedrigen Blutdrucks, Durchblutungsstörungen, teilweise auch Herzinfarkt.
- Funktionelle Beschwerden der Verdauungsorgane mit unklaren Koliken, Durchfällen, Erbrechen, chronische Magenschleimhaut- oder Dickdarmentzündung, Magen- und Zwölffingerdarmgeschwüre.
- Erkrankungen der Atmungsorgane, vor allem Bronchialasthma, vermutlich auch Heuschnupfen und manche Formen der chronischen Bronchitis.
- Funktionsstörungen der Harnorgane, hauptsächlich die Reizblase bei Frauen und Bettnässen bei Kindern.
- Unklare Hautleiden, wie Ekzeme, Neurodermitis, Warzen, Streßakne und wahrscheinlich auch die Schuppenflechte.

- Viele allergische Krankheiten, zum Beispiel Hautausschläge, Nesselsucht und unklare Verdauungsbeschwerden durch unverträgliche Lebensmittel.
- Unklare Schmerzzustände, unter anderem chronische Kopf-, Nacken-, Rücken-, Kreuzschmerzen, Migräne und Schmerzen vor oder während der Monatsblutung.
- Krebskrankheiten, die nach neueren Erkenntnissen durch eine bestimmte Persönlichkeitsstruktur mit Verhaltensweisen wie Unterdrückung von Gefühlen, Konflikten und eigenen Bedürfnissen, Neigung zur Selbstaufopferung und übersteigertes Leistungsstreben begünstigt werden können.

Diese Aufzählung mag genügen, um zu veranschaulichen, daß viele scheinbar körperliche Krankheiten letztlich auf psychischen Einflüssen beruhen. Grundsätzlich muß bei allen unklaren körperlichen Symptomen an eine psychosomatische Krankheit gedacht und die körperliche Therapie durch geeignete psychologische Heilverfahren ergänzt werden.

Körperliche Krankheiten

Abgesehen von den psychosomatischen Erkrankungen, bei denen die seelischen Einflüsse im Vordergrund stehen, können auch zahlreiche (alle?) andere körperliche Leiden durch Hypnose beeinflußt werden. Wenn letztlich bei praktisch allen Krankheiten des Körpers auch die Psyche eine Rolle spielt, kann die Hypnosetherapie solche Erkrankungen über das Seelenleben und die vegetativen Regulationen ebenfalls lindern. Allein genügt sie in solchen Fällen natürlich kaum zur Behandlung, aber die anderen Heilverfahren werden wirksam unterstützt und können damit schneller zum Erfolg führen.

Wichtig

> Positive Suggestionen in der Hypnose entscheiden unter Umständen darüber mit, ob die übliche körperliche Therapie eine Erkrankung heilt oder nur Symptome unterdrücken kann.

Die Wirksamkeit der Hypnose bei körperlichen Leiden kann zunächst die Symptomatik deutlich abschwächen oder sogar völlig unterdrücken. Dann werden Arzneimittel gegen die Beschwerden überflüssig oder können kürzer und niedriger dosiert verabreicht werden. Allerdings besteht dabei die Gefahr, daß die Suggestionen während der Trance die Symptomatik zu gründlich beseitigen. Dann wird man leicht zum »eingebildeten Gesunden«, aber die Krankheit schreitet unmerklich weiter fort, bis vielleicht überhaupt keine Heilung mehr gelingt. Dieses Risiko läßt sich jedoch weitgehend ausschließen, wenn der Krankheitsverlauf ständig fachlich überwacht wird.

Darüber hinaus kann die Hypnose sogar zur Heilung der körperlichen Erkrankung beitragen. Das erklärt sich hauptsächlich aus der Aktivierung der körpereigenen Abwehrkräfte, die eine Krankheit allein überwinden können. Ob diese Hypnosewirkung ausreicht, um eine Erkrankung ursächlich zu behandeln und andere Heilverfahren überflüssig zu machen, entscheidet je nach Einzelfall der Therapeut.

Wichtig

Versuche mit Selbsthypnose sind bei körperlichen Krankheiten nur erlaubt, wenn offensichtlich eine banale Gesundheitsstörung besteht, die keine fachliche Hilfe erfordert.

Die umfassende Wirkung auf die Selbstheilungsregulationen des Körpers empfiehlt die Hypnose noch bei zahlreichen anderen Anwendungsgebieten. Zum Teil sind sie allerdings nicht ausreichend erforscht oder bei uns kaum gebräuchlich, wie zum Beispiel:

- Vorbereitung auf zahnärztliche, kieferchirurgische und chirurgische Eingriffe
- Nachsorge im Anschluß an chirurgische Eingriffe
- Vorbereitung auf Schwangerschaft und Geburt
- Hilfe bei Schwangerschaftserbrechen
- Begleittherapie bei Schlankheitskuren, um gesundheitlich bedenkliches Übergewicht zu normalisieren

Gegenanzeigen und Vorsichtsmaßnahmen

Da Hypnose auf natürlichen seelisch-geistigen Vorgängen beruht, wird sie im allgemeinen gut vertragen. Allerdings müssen einige Vorsichtsmaßnahmen beachtet werden, um unerwünschte Reaktionen zu vermeiden.

Bei der Fremdhypnose sorgt der Therapeut dafür, daß diese berücksichtigt werden. Für die Selbsthypnose gelten einige besondere Regeln, die später genau erklärt werden (siehe Seite 76 ff.); für deren Einhaltung sind Sie selbst verantwortlich.

Absolute Gegenanzeigen

Als **absolute Gegenanzeigen** der Hypnose gelten grundsätzlich alle schweren psychischen Krankheiten, also Psychosen und der Grenzbereich zwischen Neurosen und Psychosen. In solchen Fällen spricht die Hypnose meist kaum an, unter Umständen kann sie die Krankheit sogar verschlimmern. Allerdings schließt das nicht aus, daß der erfahrene Therapeut im Einzelfall auch bei solchen Erkrankungen durch Hypnose behandeln und Erfolge erzielen kann.

Ferner gibt es einige **körperliche Gegenanzeigen**, bei denen Hypnose nicht oder nur bedingt angezeigt ist. Dazu gehört vor allem ausgeprägte Herzschwäche, im Einzelfall auch niedriger Blutdruck. Ansonsten gibt es keine körperlichen Kontraindikationen, die Hypnose generell ausschließen.

Bei manchen Patienten kann es jedoch zu nicht vorhersehbaren individuellen körperlichen Reaktionen kommen, die unter Umständen die Fortsetzung der Hypnose verbieten; das kann nur der Therapeut beurteilen.

Vorsicht

Nie angezeigt ist Hypnose bei akut lebensbedrohlichen körperlichen Krankheiten, die zunächst eine intensive medizinische Behandlung verlangen, sowie bei allen Erkrankungen, die chirurgisch behandelt werden müssen.

Daneben gibt es eine Reihe **fakultativer Gegenanzeigen**, die vom erfahrenen Therapeuten zwar meist umgangen werden können, manchmal aber doch den Verzicht auf die Hypnose notwendig machen. Zunächst gilt das bei Klienten, die der Hypnose zwiespältig, mißtrauisch oder ablehnend gegenüberstehen. Diese Einstellung kann die Hypnosetherapie von vornherein zum Scheitern verurteilen. Im vorbereitenden Gespräch wird es aber meist gelingen, diese Menschen zu einem Versuch zu motivieren und ihre falschen Vorstellungen und Ängste durch umfassende Information abzubauen.

Fakultative Gegenanzeigen

Probleme können sich auch aus den Gefühlsreaktionen des Klienten auf den Therapeuten ergeben. Positive Empfindungen sind grundsätzlich zwar nützlich, aber sie können auch »entgleisen«. Dann entstehen oft stark sexuell geprägte Bedürfnisse, die auf den Therapeuten übertragen werden, oder lustvoll erlebte masochistische Abhängigkeits- und Unterlegenheitsgefühle. Wenn solche Reaktionen nicht sinnvoll in die Therapie eingebaut und kontrolliert werden können, muß die Hypnose abgebrochen oder durch einen anderen Therapeuten fortgesetzt werden.

Bei starken positiven oder negativen Gefühlen für den Hypnotiseur sollte der Klient einen Wechsel erwägen.

Negative Gefühle für den Hypnotiseur können die Behandlung von vornherein unmöglich machen oder zumindest erschweren, weil sie erhebliche Widerstände aufbauen. Der Klient muß darüber offen mit dem Therapeuten sprechen, auch wenn dazu Hemmungen zu überwinden sind. Nur dann kann beurteilt werden, ob die negativen Empfindungen als nützliche Reaktion auf die Hypnose eintreten und im weiteren Verlauf wieder abgebaut werden können. Trifft das nicht zu, erfordern sie meist den Abbruch der Hypnose und Fortführung durch einen anderen Therapeuten.

Schließlich können zu starke Reaktionen auf verdrängte seelische Inhalte, die durch die Hypnose wieder bewußt werden, eine vorübergehende Unterbrechung oder dauernden Verzicht gebieten. Grundsätzlich sind die Erinnerungen an verdrängte Ereignisse und Erfahrungen zwar nützlich, aber im Einzelfall können sie zu schwer belasten. Der erfahrene Therapeut kann durch geeignete Vorsichtsmaßnahmen meist dafür sorgen, daß solche Inhalte sinnvoll verarbeitet werden und dann die Heilung fördern.

4. KAPITEL

Selbsthilfe durch Selbsthypnose

Seit einiger Zeit nimmt die Zahl der Psychologen, Psychotherapeuten, Ärzte und Heilpraktiker, die Selbsthypnose als Alternative zu autogenem Training und ähnlichen etablierten Selbsthilfetechniken akzeptieren, deutlich zu. Dies geschieht nicht zuletzt unter dem Druck der Patienten, die der Selbsthypnose aufgeschlossen gegenüberstehen und konkrete Anleitungen dazu erwarten.

In den letzten 20 Jahren führte ich wohl einige tausend Menschen in die Technik der Selbsthypnose ein. Vielen konnte damit eine praktische, gut wirksame Selbsthilfemethode vermittelt werden, die ihnen ein erfüllteres Leben im Einklang mit sich selbst ermöglicht. Dieses Buch faßt die praktischen Erfahrungen aus über zwei Jahrzehnten zusammen und leitet Sie Schritt für Schritt zur erfolgreichen Selbsthypnose an.

Die wichtigsten Voraussetzungen dazu – gute Motivation und Vertrauen in die Methode – bringen Sie wahrscheinlich mit, sonst hätten Sie dieses Buch nicht gekauft. Gehen Sie nun daran, die folgenden Anleitungen systematisch zu befolgen, dann steht dem Erfolg nichts im Weg.

Wichtig

Die Selbsthypnose muß regelmäßig trainiert werden. Dann schleift sich die Technik allmählich ein und wird zur guten Gewohnheit, die Sie als praktische Lebenshilfe wahrscheinlich bald nicht mehr missen wollen.

Naturgemäß kann ein Buch nicht auf alle individuellen Besonderheiten eingehen. Es mag deshalb vorkommen, daß Sie allein mit dieser Anleitung nicht immer zum Erfolg gelangen. Dann sollten Sie einen erfahrenen, für die Selbsthypnose aufgeschlossenen Therapeuten zuziehen, der genau auf Ihre speziellen Bedürfnisse eingehen kann. Auch die später noch beschriebene »Programmierung« durch Fremdhypnose kann einleitend angezeigt sein, damit die Selbsthypnose richtig erlernt und korrekt durchgeführt wird.

Voraussetzungen der Selbsthypnose

Die selbständige Hypnose setzt ausreichende **Suggestibilität** und **Vorstellungskraft** voraus. Diese Grundlagen, die auch für die Fremdhypnose bestehen müssen, sind bei den meisten Menschen vorhanden, wenngleich unterschiedlich gut ausgeprägt. Im Einzelfall kann es angebracht sein, die Entwicklung bildhafter Vorstellungen gezielt zu trainieren, damit sie sich allmählich verbessern; einige Übungen dazu werden später vorgestellt (siehe Seite 96 ff.).

Vorstellungskraft, Suggestibilität, Motivation und positive Einstellung sind wichtig für eine erfolgreiche Selbsthypnose.

Unverzichtbar ist außerdem die ausreichende **Motivation** *und* **positive Einstellung** zur Selbsthypnose. Sie müssen von der Wirksamkeit überzeugt sein und ein Ziel damit verfolgen, für das sich die Mühe des regelmäßigen Trainings lohnt. Hinzu kommen noch einige praktische Voraussetzungen, die das Training erleichtern. Sie spielen für Anfänger eine wichtige Rolle, für Geübte sind sie nicht mehr so ausschlaggebend.

Ausreichende Suggestibilität

Die Hypnose arbeitet mit Suggestionen, ausreichende Suggestibilität bildet also die unverzichtbare Voraussetzung für die Wirkung. Die meisten Menschen sprechen auf Suggestionen individuell unterschiedlich deutlich an. Bei etwa 10 bis 15% ist die Beeinflußbarkeit derart stark ausgeprägt, daß oft schon bei der ersten Hypnosesitzung eine tiefe Trance erreicht wird. Dabei handelt es sich keineswegs um schwache Persönlichkeiten, wie oft angenommen wird, eher das Gegenteil trifft zu. Ein schwacher Mensch wird gegen die Suggestionen oft Ängste entwickeln und sie abwehren, während eine starke Persönlichkeit eher in der Lage ist, Suggestionen angstfrei anzunehmen.

Die Mehrzahl der Menschen kann durch Suggestionen mehr oder minder stark beeinflußt werden, spricht aber in der Regel nicht schon auf die erste Sitzung an und erreicht häufig nur eine leichte bis mitteltiefe Trance. Bei richtiger und konsequent ausreichend lang durchgeführter Hypnosetherapie läßt sich bei ihnen eine gute bis zufriedenstellende Wirkung erzielen. Es ist ja nicht unbedingt notwendig, in tiefer Trance zu versinken; schon in leichter Trance wirken die Suggestionen.

Lediglich etwa 5% der Menschen können praktisch nicht in Trance versetzt werden. Dazu gehören vor allem die Patienten, die an ernsten psychischen Krankheiten leiden und deshalb weder Fremdsuggestionen annehmen noch eigene Vorstellungen zur Selbsthypnose entwickeln können. Bei einigen Menschen gelingt es nicht, die Ursachen der mangelnden Suggestibilität nachzuweisen, sie müssen das einfach als gegeben hinnehmen und eine andere Form der Selbsthilfe wählen. Stets muß aber mit Hilfe des Therapeuten sorgfältig geprüft werden, ob die unzureichende Suggestibilität sich vielleicht aus anfänglichen starken inneren Widerständen erklärt, die im Lauf der Zeit doch noch überwunden werden können.

Beachten Sie

Finden Sie sich nie vorschnell mit vermeintlich mangelnder Suggestibilität ab, sondern sprechen Sie über Ihre Probleme mit einem erfahrenen Therapeuten. Oft wird er doch noch Möglichkeiten finden, um die Suggestibilität zu verbessern, so daß Fremd- und Selbsthypnose möglich werden.

Die Macht der Vorstellungen

Auch die Fähigkeit, bildhafte Vorstellungen zu Suggestionen zu entwickeln, gehört zu den wesentlichen Voraussetzungen der Fremd- und Selbsthypnose. Zwar wirken auch Suggestionen, die lediglich in Worten eingeprägt werden, besser helfen aber die bildhaften Vorstellungen. Bilder sind die »Sprache« des Unbewußten, deshalb werden bildhafte Vorstellungen meist schneller angenommen und realisiert als die rein verbalen Suggestionen.

Bilder sind die Sprache des Unbewußten und werden schneller angenommen als verbale Suggestionen.

Wenn Vorstellungen erst einmal vom Unbewußten aufgenommen wurden, entfalten sie eine mächtige Wirkung. Ohne Zutun von Verstand und Willen erfüllen sie sich meist selbständig, das läßt sich praktisch nie unterdrücken. Die praktische Erfahrung lehrt sogar, daß Vorstellungen im Unbewußten, die nicht mit bewußten Willenszielen übereinstimmen und/oder vom Verstand nicht akzeptiert werden, sich in der Regel dennoch unwiderstehlich durchsetzen. Wenn eine Vorstellung einmal versagt, erklärt sich das fast immer aus Fehlern bei der Formulierung und Einprägung oder mangelnder Motivation.

Im Alltag sind bildhafte Vorstellungen heute allerdings weniger gefragt, das moderne Leben spielt sich mehr auf der Ebene des Verstandes ab. Deshalb haben viele Menschen regelrecht verlernt, wirksame bildhafte Vorstellungen zu entwickeln. Das bedeutet jedoch nicht, daß sie keine Selbsthypnose durchführen könnten. Die Vorstellungskraft läßt sich durch Training gezielt verbessern (siehe Seite 95 ff.).

Motivation und positive Einstellungen

Eine Therapie wirkt nur dann optimal, wenn man ihr vertraut und positiv dazu eingestellt ist. Das gilt übrigens nicht nur für Hypnose und andere Formen der Psychotherapie, sondern auch für jede andere medizinischer Behandlung. So kann zum Beispiel die Wirkung eines Medikaments entscheidend davon abhängen, was man von ihm erwartet. Selbst Placebos (Scheinarzneimittel) ohne Wirkstoffe helfen oft, wenn der Patient überzeugt ist, ein wirksames Medikament zu erhalten.

Beispiel

Zum Teil können die Einstellungen zu einem Arzneimittel seine Wirkungen sogar ins Gegenteil verkehren:
Eine Gruppe von Versuchspersonen erhielt ein starkes Schlafmittel, das der Versuchsleiter aber absichtlich als starkes Anregungsmittel vorstellte. Die andere Gruppe bekam tatsächlich ein starkes Anregungsmittel, verbunden mit der Behauptung,

daß es sich um ein starkes Schlafmittel handelt. Diese falschen Aussagen über die Eigenschaften der verabreichten Medikamente erzeugten bei einem Teil der Probanden die damit beabsichtigten Einstellungen. Diese wirkten so mächtig, daß das Anregungsmittel den Schlaf förderte, während das Schlafmittel aufputschte.

Negative Einstellungen behindern die Einleitung der Selbsthypnose und vermindern die Wirksamkeit der Suggestionen.

Dieses Beispiel steht stellvertretend für viele andere Versuche mit ähnlichen Ergebnissen. Sie demonstrieren, daß unsere Einstellungen entscheidend das Denken, Empfinden und Verhalten bestimmen. Sinngemäß gilt das auch für die Fremd- und Selbsthypnose, die durch eine positive Einstellung gefördert, durch eine negative aber behindert wird. Insbesondere erschweren negative Einstellungen die Einleitung der Hypnose und die Wirksamkeit der Suggestionen. Mißerfolge werden so geradezu vorprogrammiert und führen oft dazu, daß die Therapie vorzeitig abgebrochen wird. Die unzulängliche Wirkung bestätigt scheinbar die negativen Einstellungen, jeder neue Versuch mit der Hypnose wird dadurch blockiert.

Natürlich kann man trotz aller Vorbehalte und Widerstände mit der Selbsthypnose beginnen. Die Hindernisse durch negative Einstellungen können mit zunehmender Erfahrung abgebaut werden, aber darauf darf man sich nicht verlassen. Deshalb soll versucht werden, die Einstellungen vor Beginn der Hypnose genau zu analysieren und negative so gut wie möglich abzubauen. Dazu gehen Sie am besten wie folgt vor:

So bauen Sie negative Einstellungen ab

- Zunächst werden alle individuellen Vorbehalte und negativen Einstellungen gegen die Fremd- und Selbsthypnose sorgfältig notiert, um sich Klarheit darüber zu verschaffen.
- Danach überlegen Sie, wie die negativen Einstellungen entstanden sind. Dabei stößt man meist auf Vorurteile und falsche Vorstellungen, die mit Hilfe sachlicher Informationen überwunden werden können. Am besten vergleichen Sie Ihre Vorstellungen und Vorurteile mit den Informationen, die Sie aus diesem Buch erhalten, damit sie abgebaut werden können. Bei Bedarf können Sie darüber auch mit einem Therapeuten sprechen. Wenn das konsequent durchgeführt wird, ver-

schwinden die negativen Einstellungen im allgemeinen vollständig, eine erfolgreiche Fremd- oder Selbsthypnose wird danach möglich.

Sobald diese gründliche Analyse abgeschlossen ist, können Sie sich ohne Ängste und falsche Einstellungen endgültig für oder gegen die Selbsthypnose entscheiden. Nach dieser Vorbereitung fällt es leichter, die Hypnose anzuwenden und optimale Ergebnisse zu erzielen.

Außer einer positiven Einstellung muß als weitere wichtige Voraussetzung noch ein ausreichend starkes Motiv für die Selbsthypnose erarbeitet werden. Die Methode erfordert ja regelmäßiges Training und die Bereitschaft, anfängliche Schwierigkeiten durchzustehen und unangenehme Einsichten zuzulassen. Ohne gute Motivation gelingt das erfahrungsgemäß oft nicht. Wer zum Beispiel nur aus Interesse einmal mit Selbsthypnose arbeiten will, läuft stets Gefahr, nicht konsequent genug zu üben und bei Problemen rasch entmutigt aufzugeben.

Wichtig

Eine gute Motivation hilft über die anfänglichen Probleme hinweg, stärkt den Durchhaltewillen und die Bereitschaft, unangenehme bis schmerzliche Einsichten während der Selbsthypnose anzunehmen und zu verarbeiten.

Die Motivation muß im Einklang mit der Persönlichkeit stehen und kann hier nicht vorgegeben werden. Jeder muß selbst nach dem Motiv suchen, das ihm wichtig genug erscheint, dafür die Mühen der Selbsthypnose auf sich zu nehmen. Einige Motive kommen aber bei den meisten Menschen in Frage, vor allem:

Motivationshilfen

- Gesundheitsvorsorge oder Wiederherstellung der körperlichen und/oder seelischen Gesundheit – eines der wichtigsten Motive überhaupt, denn gute Gesundheit strebt praktisch jeder an. Allerdings sollte man sich nicht mit der allgemeinen Formulierung »gute/bessere Gesundheit« begnügen, sondern das Motiv deutlicher formulieren, zum Beispiel eine einzelne Gesundheitsstörung oder körperliche Schwäche auswählen, gegen die sich die Selbsthypnose richtet. Diese Konzentration auf ein konkretes Ziel begünstigt später die Formulierung der entsprechenden Suggestionen und beschleunigt die Wirkung.

- Verbesserung der körperlichen und/oder geistigen Leistungsfähigkeit, damit Aufgaben besser bewältigt, Ziele realisiert, Erfolge vorprogrammiert und Streßbelastungen schadlos verkraftet werden. Praktisch bedeutet das, sich die individuell richtigen Ziele zu setzen und das Verhalten darauf zu konzentrieren, damit sie möglichst rasch und zuverlässig erreicht werden. Auch hier gilt wieder, daß zur Motivation keine allgemeinen Formulierungen wie »mehr Erfolg – weniger Streß« verwendet, sondern genau umrissene Ziele gesetzt werden sollen, auf die man sich voll konzentrieren kann.
- Lebenshilfe bei den unausweichlichen Problemen, Sorgen, Konflikten und Krisen des täglichen Lebens. Zur Motivation soll ein konkretes Anliegen ausgewählt werden, auf das man sich konzentriert; allgemeine Formulierungen helfen nicht so gut.

Aus diesen Beispielen können Sie ein Motiv auswählen, das tragfähig genug zur regelmäßigen Selbsthypnose erscheint. Es gibt aber noch zahlreiche andere Motive, die im Einzelfall besser geeignet sind.

Wichtig

- Am besten überlegen Sie zunächst sorgfältig, weshalb Sie überhaupt Selbsthypnose trainieren wollen.
- Schreiben Sie alle Einfälle dazu spontan auf und legen Sie die Liste dann einige Tage zur Seite, ohne sich weiter damit zu beschäftigen.
- Dann gehen Sie die Notizen nochmals kritisch durch und wählen das Motiv aus, das im Augenblick für Sie im Vordergrund steht.
- Dazu werden dann passende Suggestionen entwickelt und in der Trance eingeprägt.

Grundsätzlich nicht zu empfehlen ist die Arbeit mit mehreren Motiven zugleich. Wenn es notwendig erscheint, kann man allenfalls zwei Motive gleichzeitig verwenden, keinesfalls mehr. Es gelingt nämlich nicht, sich ausreichend auf mehr als 1 bis 2 Motive zu konzentrieren; unter Umständen treten diese sogar miteinander in »Konkurrenz« und behindern sich gegenseitig.

Praktische Voraussetzungen

Bisher wurden die Grundlagen der erfolgreichen Selbst- und Fremdhypnose vorgestellt. Darüber hinaus müssen noch einige praktische Bedingungen geschaffen werden, damit die Hypnose gut gelingt. Für Anfänger sind diese praktischen Voraussetzungen besonders wichtig, um unnötige Probleme und Störungen zu vermeiden, so daß bald erste ermutigende Erfolge eintreten. Bei Geübten kommt es dann nicht mehr so sehr auf die äußeren Umstände an; das Training wird bei ihnen zur guten Gewohnheit und kann kaum noch gestört werden.

Die beste Übungszeit

Die Selbsthypnose soll zumindest von Anfängern zweimal täglich trainiert werden, später genügt dann auch die einmalige Übung am Tag. Wann geübt wird, richtet sich nach verschiedenen individuellen, teilweise unabänderlichen Umständen.

Als optimale Übungszeit gilt

- Morgens gleich nach dem Erwachen, ehe man das Bett verläßt; die Trance wird durch den »Restschlaf« meist erleichtert und vertieft.
- Abends vor dem Einschlafen, wenn man sich bereits müde fühlt und deshalb tiefe Entspannung und Trance leichter realisieren kann; meist hilft diese Übung auch bei Einschlafstörungen.
- Mittags zwischen 12 und 14 Uhr, wenn sich bei den meisten Menschen vorübergehend der tote Punkt mit natürlicher Ermüdung einstellt; auch in dieser Zeit läßt sich die Trance leichter und tiefer erreichen, danach ist das Leistungstief meist überwunden.

Anfänger sollten versuchen, diese optimalen Trainingszeiten einzuhalten, vor allem die Übungen am Morgen und Abend. Später, wenn die Hypnose zur Gewohnheit geworden ist, kann auch problemlos zu anderen Zeiten geübt werden.

Achten Sie anfangs auf Ihren Biorhythmus und variieren Sie Ihre Übungszeiten danach.

Nicht selten wird sich bei den ersten Versuchen herausstellen, daß die oben genannten Zeiten individuell nicht genau »stimmen«. Das erklärt sich aus den **Biorhythmen** (innere Uhren), die nicht bei allen Menschen genau gleich laufen. So kommt es zum Beispiel vor, daß ausgeprägte Morgenmenschen, die rasch munter werden, die Selbsthypnose am Morgen nicht so gut realisieren können. Ausgeprägte Nachtmenschen dagegen, die nur langsam wach werden, üben morgens oft am besten.

Solche und andere individuelle Besonderheiten erkennt man oft erst im Lauf des Trainings aus praktischer Erfahrung. Sie sollen anfangs so gut wie möglich berücksichtigt werden. Später, wenn die Selbsthypnose zur Gewohnheit geworden ist, muß man darauf kaum noch achten. Die Trance stellt sich dann praktisch zu jeder Tageszeit ein, oft bereits während der Vorbereitungen auf die Selbsthypnose.

Außerdem hängt die Übungszeit natürlich von äußeren Umständen (wie berufliche Pflichten) ab, denen man sich meist anpassen muß. Aber morgens nach dem Erwachen und abends vor dem Einschlafen findet sich immer Gelegenheit zum Training.

Wichtig

Üben Sie in Ruhe und ohne Zeitdruck. Zeitmangel erzeugt nämlich innere Anspannung, die eine tiefe Trance verhindert. Wenn die Zeit einmal zu knapp ist, verzichten Sie besser auf das gewohnte Training, um einen entmutigenden Mißerfolg zu vermeiden.

Wer unabhängig von äußeren Bedingungen üben kann, sollte zunächst verschiedene Tageszeiten »ausprobieren«, um herauszufinden, wann die tiefe Trance am besten gelingt. Die so ermittelte **optimale Tageszeit** darf dann nicht mehr willkürlich geändert werden. Durch die Gewöhnung an diese Zeit erreicht man nämlich, daß die Trance schließlich ohne längere Vorbereitung fast reflexartig eintritt, wenn man sich zum Üben niederläßt. Das begünstigt rasche und optimale Ergebnisse.

Der ideale Übungsraum

Als wichtigste räumliche Voraussetzung für die Selbsthypnose gilt, daß der Übungsraum so ruhig wie möglich sein muß. Geräusche jeder Art, sei es nun Verkehrs-, Industrie- oder sozialer Lärm, stören die Trance immer. Selbst wenn man diese Geräusche nach einiger Übung bewußt nicht mehr wahrnimmt, können sie eine tiefe Trance erheblich behindern. Ungeübte werden dadurch unter Umständen derart abgelenkt, daß sie überhaupt nicht in Trance gelangen. Wählen Sie also unbedingt den ruhigsten Raum aus, der Ihnen für das Training zu Verfügung steht.

Tip

- Wenn störender Lärm nicht ausgeschlossen werden kann, empfiehlt es sich oft, ihn wenigstens zu übertönen. Dazu wählen Sie sich angenehme Musik (Radio, Kassette oder CD) und regeln sie so laut, daß die Störgeräusche gerade nicht mehr wahrzunehmen sind.
- Bei besonders starkem Lärm können Sie es mit Kopfhörern versuchen oder Sie verschließen die Ohren mit Watte oder speziellen Lärmschutzstöpseln.
- Sorgen Sie in den Räumen der Wohnung während des Trainings für Ruhe. Die Familienmitglieder sollten während der kurzen Übungszeit Rücksicht nehmen, sofern nicht alle gemeinsam üben.
- Schließen Sie Störungen durch Telefon oder Türklingel aus.
- Schaffen Sie im Übungsraum eine behagliche Atmosphäre. Sie sollen sich darin wohl und geborgen fühlen, dann gelingt die Selbsthypnose am besten.

Einrichtung

An das **Mobiliar** im Übungsraum sind keine besonderen Anforderungen zu stellen, im allgemeinen kann die vorhandene Einrichtung beibehalten werden. Da **Farben** das Seelenleben unmerklich erheblich beeinflussen, sollten jedoch keine Möbel mit »unruhigen« und grellen Farben vorhanden sein. Am besten eignen sich gedämpfte Blau-, Grün- und Brauntöne; das gilt auch für Teppiche, Gardinen und Tapeten.

Wählen Sie eine bequeme, aber ausreichend feste Unterlage für Ihre Übungen.

Lediglich die **Unterlage**, auf der man übt, muß bestimmten Ansprüchen genügen. Im allgemeinen empfiehlt es sich für Anfänger, im Bett oder auf einer Liege zu trainieren. Diese Unterlage muß bequem, aber ausreichend fest sein, damit der Körper gut abgestützt wird. Zu weiche, durchhängende oder knarrende Unterlagen eignen sich nicht, darauf kann man sich nicht richtig entspannen und spürt oft Mißempfindungen und Schmerzen in der Muskulatur.

Wer zum Üben einen Sessel vorzieht, sollte einen mit hoher Rückenlehne wählen, die auch den Kopf noch abstützt. Außerdem muß er Armlehnen besitzen, damit die Arme sich gut entspannen können. Ansonsten gilt, was zur Beschaffenheit des Betts gesagt wurde.

Wenn im Liegen oder Sitzen beim Üben unangenehme Verspannungen der Muskulatur vor allem im Nacken, Rücken und Kreuz auftreten, unterpolstern Sie die betroffenen Körperpartien durch kleine Kissen, zusammengerollte Decken und ähnliche Stützen. Sie müssen selbst herausfinden, welche Hilfen notwendig sind, um den ganzen Körper tief zu entspannen.

Beleuchtung

Das Licht im Übungsraum dringt abgeschwächt auch durch die geschlossenen Augenlider. Falsche Beleuchtung kann deshalb die Selbsthypnose erheblich stören. Sorgen Sie für eine angenehm gedämpfte Ausleuchtung des Raums, bei der Sie sich wohl und geborgen fühlen.

Vermeiden Sie grelles Licht, sorgen Sie für eine gedämpfte Beleuchtung.

Beim Training am Tag werden die Vorhänge zugezogen oder die Rolläden teilweise geschlossen. Bei grellem Licht, wenn zum Beispiel die Sonne direkt ins Zimmer scheint, sollten die Rolläden ganz geschlossen werden und Lampen für gedämpfte Beleuchtung sorgen.

Übt man, wenn es draußen bereits dunkel ist, werden Vorhänge oder Rolläden dicht geschlossen. Man fühlt sich sonst vielleicht von außen beobachtet und wird dadurch gestört. Die Ausleuchtung des Raums erfolgt dann durch angenehm gedämpfte indirekte Beleuchtung.

Beachten Sie

Das Licht muß sich immer in einiger Entfernung vom Übungsplatz befinden, keinesfalls darf es direkt ins Gesicht fallen.

Raumtemperatur

Das Wohlbefinden und damit auch die tiefe Entspannung wird mit durch die **Temperatur** im Übungsraum bestimmt. Da man beim Training längere Zeit bewegungslos bleibt, muß die Raumtemperatur ausreichend hoch liegen, damit man nicht fröstelt. Zu hoch darf sie allerdings auch nicht eingestellt werden, sonst fühlt man sich ebenfalls unwohl.

Das Wärmebedürfnis ist individuell sehr unterschiedlich. Dem einen genügen 20 bis 21 °C, andere fühlen sich vielleicht erst bei 24 bis 25 °C wohl. Das muß praktisch erprobt werden, bis man das persönliche Temperaturoptimum findet. Das ist dann aber keine feste Größe, es kann sich bei jeder Übung etwas verändern. Achten Sie deshalb immer wieder auf ihr persönliches Befinden, nach dem sich die Temperatureinstellung richtet.

Tip

Lüften Sie vor dem Training kurz den Übungsraum, denn sauerstoffreiche Frischluft fördert Entspannung und Trance. Allerdings darf der Raum dadurch nicht auskühlen.

Kleidung

Manche Menschen üben am liebsten unbekleidet, müssen dann aber besonders auf ausreichende Raumtemperatur achten; außerdem sollten sie sich mit einer leichten Decke zudecken, darunter fühlt man sich geborgener.

Wer bekleidet übt, zieht am besten bequeme Hauskleidung oder einen Jogginganzug an. Man kann aber auch in jeder anderen Kleidung üben.

Tip

Wichtig ist immer, daß Kragen, Gürtel, Rock-, Hosenbünde, Krawatten, Büstenhalter, Mieder und ähnliche Kleidungsstücke, die einengen könnten, entweder geöffnet oder abgelegt werden. Straßenschuhe zieht man besser aus, bequeme Hausschuhe müssen nicht abgelegt werden.

Risiken und Gegenanzeigen

Als natürliches Heilverfahren, das körperliche und psychische Regulationen aktiviert, wird die Selbsthypnose im allgemeinen gut vertragen. Unbedingt beachten müssen Sie aber einige Gegenanzeigen, bei denen die Methode nicht oder nur nach fachlicher Zustimmung angewendet werden darf. Die möglichen Risiken kommen hauptsächlich dann vor, wenn die Selbsthypnose nicht korrekt durchgeführt wird.

Absolute Gegenanzeigen

Sie verbieten die Selbsthypnose grundsätzlich, weil sie zu unvertretbaren Risiken führen könnte oder nicht zufriedenstellend wirkt. Der Therapeut kann im Einzelfall aber durchaus die Fremdhypnose versuchen, die später vielleicht doch noch die Selbsthypnose zuläßt.

Absolute Gegenanzeigen der Selbsthypnose

- Akute schwere Krankheiten, die medikamentöse oder chirurgische Therapie erfordern, zum Beispiel schwere Herzschwäche, Herzinfarkt, Schlaganfall, Infektionskrankheiten, Blinddarmentzündung und Knochenbrüche. Bei solchen Erkrankungen soll Selbsthypnose auch nicht zur Soforthilfe angewendet werden, denn sie könnte die Symptomatik so verändern, daß sich eine genaue Diagnose erschwert.
- Unklare und schwerere psychische Störungen, bei denen der Patient ohnehin kaum noch zur Selbsthypnose in der Lage ist.

Dazu gehören vor allem Psychosen und Grenzfälle zwischen Neurosen und Psychosen, stärkere Depressionen und andere psychische Zustände, die positive Autosuggestion nicht mehr zulassen.

- Psychische Störungen mit Neigung zur Flucht aus der Realität, die durch Selbsthypnose begünstigt werden könnte.
- Ernstere Suchtkrankheiten mit körperlicher und/oder psychischer Abhängigkeit, die eine Entziehungskur und Entgiftung vom Suchtmittel erfordern. Selbsthypnose kann nach erfolgreicher Entwöhnung mit fachlicher Zustimmung zur Nachbehandlung eingesetzt werden, um Rückfällen vorzubeugen.

Alle diese Gegenanzeigen gehen in der Regel mit so ausgeprägten Störungen einher, daß die Betroffenen ohnehin kaum an Selbsthilfe durch Hypnose denken werden.

Relative Gegenanzeigen

Sie verhindern die Selbsthypnose nicht unbedingt, aber das kann nur der Therapeut beurteilen. Im allgemeinen versucht man in solchen Fällen zunächst die Fremdhypnose, um zu beobachten, welche individuellen Reaktionen eintreten. Davon hängt es dann ab, ob die Selbsthypnose durchgeführt werden kann und darf.

Relative Gegenanzeigen der Selbsthypnose

- Unvermögen zur Entspannung und/oder Entwicklung positiver Vorstellungen, zum Beispiel bei unterentwickelter Intelligenz, die das Verständnis der Hypnosetechnik behindert. Durch Fremdhypnose kann aber versucht werden, den Klienten doch noch auf die Selbsthypnose vorzubereiten.
- Unerwünschte Begleiterscheinungen bei der Selbsthypnose, die weder auf gezielte Suggestionen noch auf Fremdhypnose ansprechen.
- Ungünstige frühere Erfahrungen mit anderen Techniken der selbständigen Entspannung und Autosuggestion, die auch die Selbsthypnose behindern könnten; solche Einflüsse lassen sich aber oft durch positive Programmierung in der Fremdhypnose wieder beseitigen.
- Erinnerungen an lange verdrängte schmerzliche Erfahrungen, die im Verlauf der Selbsthypnose wieder bewußt werden kön-

nen und so stark belasten, daß man sie nicht aus eigener Kraft bewältigen wird. Das kündigt sich häufig durch unklare Nervosität, Unruhe, Gereiztheit, depressive Verstimmungen und unkontrollierte Gefühlsausbrüche an; dann sollte der Therapeut zugezogen werden, der hilft, diese im Grunde nützliche Krise zu überwinden; die Selbsthypnose wird in dieser Zeit unterbrochen.

- Unklare Beschwerden, die nicht durch banale Gesundheitsstörungen entstehen und nicht nach 2 bis 3 Tagen deutlich gebessert oder verschwunden sind, sowie alle chronischen oder häufig wiederkehrenden Symptome. Hier besteht die Gefahr, daß Selbsthypnose zur »eingebildeten Gesundheit« führt und eine notwendige Therapie verzögert; nur der Therapeut kann beurteilen, ob die Selbsthypnose fortgeführt werden darf und welche Zusatzbehandlung erforderlich ist.

Beim Verdacht auf relative Gegenanzeigen darf man kein Risiko eingehen und hoffen, daß die Beschwerden sich im weiteren Verlauf der Selbsthypnose wieder bessern. Das ist zwar möglich, Sicherheit gibt aber nur die fachliche Beurteilung.

Unerwünschte Nebenwirkungen

Sie kommen bei der Selbsthypnose relativ selten vor und erklären sich meist aus falscher Durchführung. Gefährlich sind sie im allgemeinen nicht, können jedoch so unangenehm werden, daß die Selbsthypnose vielleicht abgebrochen wird.

Mögliche Nebenwirkungen der Selbsthypnose

- Allgemeine Müdigkeit und/oder Mißempfindungen vor allem in den Gliedern, die nach der Trance noch stundenlang anhalten können. Meist wurde der Zustand dann nicht korrekt zurückgenommen. Versetzen Sie sich erneut kurz in Trance und nehmen Sie diese danach sorgfältig zurück, die Beschwerden verschwinden dann meist; andernfalls muß der Therapeut die Ursachen klären.
- Verkrampfungen der Muskulatur, Herz- oder Atemstörungen, die meist bei bestehenden organischen Erkrankungen auftreten; in solchen Fällen kann Selbsthypnose ungeeignet sein, das muß der Therapeut beurteilen.

- Verschlimmerung bestehender Beschwerden oder Eintritt neuer Symptome, wenn die Selbsthypnose bei Krankheiten angewendet wird, die darauf nicht ansprechen, oder ungeeignete Suggestionen die Beschwerden »verschieben«. Auch hierbei kann nur der Therapeut entscheiden, ob Selbsthypnose weiter durchgeführt werden darf und welche Vorsichtsmaßnahmen unter Umständen beachtet werden müssen.
- Neigung zur Realitätsflucht durch Suggestionen, die zur verfälschten Wahrnehmung der Umwelt und Lebensbedingungen führen; das kann bis zur »Sucht« nach Selbsthypnose führen. Dieser Mißbrauch der Methode kündigt sich meist dadurch an, daß häufiger und länger als notwendig trainiert wird und der Ausfall einer Übung körperliche und/oder seelische Beschwerden als »Entzugssymptome« verursacht.
- Realitätsflucht mit Abhängigkeit von der Selbsthypnose kommt häufig auch vor, wenn die Selbsthypnose an die Stelle einer früheren Sucht tritt, gleichsam aus der **echten** Sucht in die Trance geflohen wird. Beim Verdacht muß der Therapeut zugezogen werden.
- Einschlafen während der Selbsthypnose, ehe Gelegenheit besteht, die Trance zurückzunehmen. Das ist zwar harmlos, denn nach einiger Zeit erwacht man von selbst aus dem natürlichen Schlaf, kann aber unangenehm werden, wenn man deshalb zum Beispiel einen Termin verpaßt. Vorbeugend können Sie sich zu Beginn der Trance suggerieren, daß Sie nicht einschlafen und die Hypnose nach einer bestimmten Zeit automatisch beendet wird.

Die möglichen unerwünschten Begleiterscheinungen der Selbsthypnose lassen sich in der Regel durch geeignete Vorsichtsmaßnahmen vermeiden. Nur ausnahmsweise muß der Therapeut einmal vom weiteren Training abraten.

Technik der Selbsthypnose

Die Selbsthypnose ist keine **Kunst**, die besondere Begabung erfordert; die meisten Menschen sind dazu in der Lage. Voraussetzung ist lediglich, daß man die Methode überhaupt versteht und die geeignete Technik korrekt anwendet. Dann gelingt die Trance rasch oder nach einiger Übung fast immer.

Im Lauf der Zeit entwickelte man verschiedene Methoden zur Selbsthypnose, die sich unterschiedlich gut eignen. Für dieses Buch wählte ich eine Technik aus, die sich bei meinen Seminaren am besten bewährt hat. Damit sollten Sie beginnen, um bald eine ermutigende erste Wirkung zu erreichen. Später können Sie die Methode bei Bedarf etwas modifizieren, damit sie Ihren persönlichen Erwartungen und Reaktionen optimal entspricht.

Wenn Sie sich unsicher fühlen, nach einiger Zeit keine nennenswerte Wirkung erzielt wird oder gar unerwünschte Reaktionen auftreten, empfiehlt es sich, die Selbsthypnose durch einige Sitzungen beim Therapeuten vorzubereiten.

»Programmierung« durch Fremdhypnose

Bei der Fremdhypnose bietet der Therapeut dem Klienten individuell richtig formulierte Suggestionen an, die zunächst vom **psychischen Zensor** geprüft und akzeptiert werden müssen, ehe das Unbewußte sie aufnimmt. Sofern sie nicht als wesensfremd blockiert werden, gehen sie aus dem Unbewußten automatisch unwiderstehlich in Erfüllung. Auf diese Weise können zahlreiche Wirkungen erzielt werden, zum Beispiel Verhaltensänderungen oder Bewältigung von Krisen und Konflikten.

Wenn bei der Selbsthypnose Probleme auftauchen, empfiehlt sich eine Vorprogrammierung durch einen Therapeuten.

Es ist aber auch möglich, auf diese Weise die spätere Selbsthypnose regelrecht vorzuprogrammieren, damit sie korrekt durchgeführt wird und gut wirkt. Darin besteht einer der Vorteile der Hypnose im Vergleich zu anderen Entspannungs-, Autosuggestions- und Meditationstechniken, auf die man sich so nicht vorbereiten lassen kann. Unbedingt notwendig ist diese Programmierung allerdings nicht, häufig gelingt die Selbsthypnose auch unabhängig davon gut. Wenn aber bei Anfängern Probleme auftauchen, die sie nicht selbständig bewältigen können, empfiehlt sich oft diese Vorbereitung.

Zunächst wird der Therapeut gemeinsam mit dem Klienten dessen Situation gründlich analysieren. Danach können dann die individuell notwendigen Suggestionen erarbeitet werden, die den Trancezustand herbeiführen und sich gegen persönliche Probleme, Krisen und Konflikte richten. Das Unbewußte nimmt diese Suggestionen an und sorgt dafür, daß die Trance rascher und tiefer eintritt und die speziellen Suggestionen schneller wirken.

Allgemein gilt

Fremdhypnose führt also dazu, daß der Trancezustand mit Hilfe der Vorgaben des Therapeuten ohne Schwierigkeiten und Fehler erreicht wird und die anderen Suggestionen die individuellen Probleme, Konflikte und Krisen besser bewältigen.

Das kann bereits nach wenigen Sitzungen erzielt werden, manchmal benötigt man aber auch 20 oder mehr Fremdhypnosen, ehe man ausreichend auf die selbständige Hypnose vorprogrammiert ist.

Die Technik, die der Therapeut dazu anwendet, kann hier nicht verbindlich beschrieben werden. Sie hängt von Ausbildung und Erfahrung des Therapeuten ab, der die Grundmethode modifizieren kann, und muß überdies die individuellen Besonderheiten des Einzelfalls beachten. Im allgemeinen besteht die Anleitung zur Selbsthypnose durch den Therapeuten aber aus folgenden Grundelementen:

Anleitung zur Selbsthypnose durch den Therapeuten

- Eindeutige Suggestion, daß der Klient sich zukünftig selbst in Trance versetzen kann, die mindestens ebenso tief wie die durch Fremdhypnose erzielte Trance eintritt.
- Verstärkung durch die Suggestion, daß die selbständige Hypnose mit jeder Übung leichter und tiefer gelingt.
- Motivierung zum regelmäßigen Training durch die Suggestion, daß Tag für Tag das unwiderstehliche Bedürfnis zum Üben auftritt.
- Spezielle Schutzsuggestionen, die dafür sorgen, daß der Klient beim Training auch in tiefster Trance die Selbstkontrolle behält und ohne Störung seiner Trancetiefe alle Vorgänge in seiner Umgebung wahrnimmt, die sofortiges Handeln erfordern; das stellt sicher, daß man bei Bedarf auch aus tiefster Trance sofort erwacht, um auf wichtige äußere Vorgänge sinnvoll zu reagieren.

- Abschlußsuggestionen, mit denen die Trance wieder vollständig aufgehoben wird.

Alle oben genannten Grundelemente dienen der Einleitung, Vertiefung, Kontrolle und Aufhebung des Trancezustandes. Sie werden in dieser oder ähnlicher Form bei allen Klienten angewendet. Hinzu kommen die Suggestionen, die im Rahmen der Vorbereitung erarbeitet wurden, um bestimmte Wirkungen nach der Trance zu erzielen, zum Beispiel Symptome zu beseitigen oder das Verhalten zu ändern. Damit verbindet der Therapeut die General-Suggestion, daß der Klient später selbst andere Suggestionen mit bildhaften Vorstellungen entwickeln und einprägen kann, die ebenso deutlich wie die ersten des Therapeuten in Erfüllung gehen. Das ergänze ich vorsorglich immer mit der Suggestion, daß der Klient keine Vorstellungen einprägen darf, die ihm oder anderen schaden, und keine negativen Suggestionen von anderen annehmen wird.

Nach dieser umfassenden Vorbereitung durch die Fremdhypnose sind die meisten Menschen in der Lage, die Hypnose erfolgreich selbständig zu absolvieren. Das bietet den Vorteil, daß die Therapie häufiger als bei der Fremdhypnose angewendet werden kann und deshalb oft schneller hilft. Vor allem kann die Selbsthypnose aber als ständige Lebenshilfe Tag für Tag durchgeführt werden, während die Fremdhypnose irgendwann einmal endet. Im Lauf der Zeit kann die regelmäßige Selbsthypnose das Leben grundlegend positiv verändern.

Selbständiges Training

Die Selbsthypnose kann mit Geduld und regelmäßigem Üben ohne fachliche Hilfe erlernt werden.

Mit etwas Geduld und regelmäßigem Training gelingt es vielen Menschen, die Selbsthypnose auch ohne fachliche Anleitung zu erlernen. Dabei mag nicht immer eine tiefe Trance eintreten, aber das ist zur Wirkung auch nicht unabdingbar. Schon ein leichter Trancezustand, den viele bereits nach wenigen Übungen erreichen, wirkt meist ausreichend.

Beim selbständigen Erlernen der Hypnose beginnt man mit der Einleitungstechnik. Erst wenn diese gut beherrscht wird, vertieft man die Trance durch weitere Techniken. Zum Abschluß der

Übung muß der Trancezustand immer ausdrücklich aufgehoben werden, selbst wenn man subjektiv überhaupt keine Wirkung verspürte. Sonst könnten noch stundenlang die beschriebenen Mißempfindungen (siehe Seite 78) und Müdigkeit bestehen.

In diesem Buch stelle ich Ihnen eine Technik zur selbständigen Einübung der Hypnose vor, die ich in langjähriger praktischer Arbeit erprobte und verbesserte. Dies ist sicher nicht die einzige mögliche Technik, um Selbsthypnose zu erlernen, aber sie bewährt sich nach meinen Erfahrungen bei den meisten Menschen am besten.

Wenn damit Probleme auftreten, können Sie einige Variationen der Methode vornehmen, die Ihnen persönlich besser gefallen. Hilft auch das nicht zufriedenstellend, besprechen Sie die Schwierigkeiten mit einem erfahrenen Therapeuten; dann kann unter Umständen doch die Vorprogrammierung durch Fremdhypnose angezeigt sein.

Einleitung der Selbsthypnose

Grundvoraussetzung zur Einleitung der Selbsthypnose bildet eine Körperhaltung, in der man sich gut entspannen kann. Bei manchen Menschen bleibt die Haltung gleichgültig, sie können sich praktisch in jeder Lage entspannen. Die meisten Anfänger üben aber am besten in der Liegehaltung auf dem Rücken, die Sitzhaltungen empfehlen sich meist nur für Fortgeschrittene.

Vorgehen

- Probieren Sie bei Bedarf zunächst aus, in welcher Haltung Ihnen die Entspannung am besten gelingt.
- Diese soll dann ständig beibehalten werden, bis Sie die Selbsthypnose gut beherrschen.
- Die Trance stellt sich dann bald wie ein Reflex ein, sobald Sie die vertraute Übungshaltung einnehmen.

Liegehaltung

- Legen Sie sich im Bett oder auf einer bequemen Liege auf den Rücken.

- Der Kopf ruht leicht erhöht auf einem kleinen Kissen.
- Die Arme werden in den Ellbogen leicht angewinkelt, die Handflächen ruhen in Höhe der Oberschenkel ohne Kontakt zum Körper flach auf der Unterlage.
- Die Beine werden ausgestreckt, die Fußspitzen fallen locker etwas auseinander.

In dieser Haltung treten unter Umständen Verspannungen und Schmerzen im Nacken-Schulter-Bereich, Rücken oder Kreuz auf, insbesondere bei bestehenden Bandscheibenschäden. Dann müssen Sie versuchen, diese Symptome zu beseitigen, indem Sie eine Nackenrolle unterschieben, Schultern, Rücken und/oder Kreuz mit zusammengelegten Decken unterpolstern, bei Bedarf auch ein kleines Kissen oder eine Knierolle unter die Kniekehlen schieben.

Der Körper muß ohne Mißempfindungen entspannt auf der Unterlage ruhen, sonst wird die Einleitung der Selbsthypnose behindert.

Tip

Nehmen Sie als Anfänger zunächst immer die Liegehaltung ein. Nur wenn Sie in dieser Lage nicht gut trainieren können, sollten Sie eine der Sitzhaltungen versuchen. Im allgemeinen kommt das Training im Sitzen aber nur für Fortgeschrittene in Frage.

Passive Sitzhaltung

- Setzen Sie sich auf einen bequemen Sessel mit Armlehnen und hoher Rückenlehne.
- Der Kopf wird locker gegen die Rückenlehne gelegt, die Arme ruhen entspannt auf den Seitenlehnen.
- Die Hände können vorne locker herabhängen, sofern dabei keine Mißempfindungen auftreten.
- Die Beine stehen nebeneinander, die Füße fest auf dem Boden; keinesfalls dürfen die Beine übereinander geschlagen werden, das lenkt beim Training ab und behindert die Entspannung der Muskulatur.

Wenn in dieser Haltung Mißempfindungen und Verspannungen im Schulter-Nacken-Bereich, Rücken und/oder Kreuz auftreten, unterpolstert man wie bei der Liegehaltung mit Nackenrolle, kleinen Kissen und zusammengelegten Decken. Das muß bei jeder Übung neu ausprobiert werden, damit die tiefe Entspannung gut gelingt.

Aktive Sitzhaltung

Sie eignet sich für gut Geübte praktisch überall zum unauffälligen kurzen Training der Selbsthypnose. Man kann sich dadurch kurz tief entspannen und erholen, um danach mit neuen Kräften frisch und besser motiviert wieder an die Arbeit zu gehen. Allerdings setzt das ein ständiges Training über längere Zeit voraus, damit die Selbsthypnose so gut beherrscht wird, daß die Trance rasch unabhängig von äußeren Umständen eintritt.

Die aktive Sitzhaltung eignet sich gut für Geübte; mit ihr kann überall unauffällig geübt werden.

- Setzen Sie sich auf einen auf einen Hocker oder Stuhl (Lehnen sind überflüssig).
- Richten Sie sich hoch auf und lassen Sie sich dann mit tiefer Ausatmung locker nach vorne sinken.
- Der Kopf hängt vor, die Ellbogen sind angewinkelt, die Handflächen ruhen auf den Oberschenkeln und die Füße stehen leicht gespreizt fest auf dem Boden.

Mißempfindungen und Verspannungen in Nacken, Schulter, Rücken und Kreuz treten dabei kaum auf, bei Übergewicht kann die nach vorn gebeugte Haltung aber unter Umständen die Atmung behindern, so daß eine andere Trainingshaltung eingenommen werden muß.

Beginn der Einleitung

Sobald die individuell optimale Haltung zur Entspannung gefunden wurde, beginnt die Einleitung der Selbsthypnose. Dazu verwendet man bildhafte Vorstellungen zur Suggestion, die innere Ruhe und tiefe Entspannung herbeiführen. Diese Vorstellungen wiederholt man lediglich im Geist, laut werden sie nicht gesprochen; allenfalls kann man sie leise murmeln, wenn das besser wirkt.

Anfängern fällt die Konzentration auf die Vorstellungen meist schwer. Immer wieder treten störende andere Gedanken auf, die ablenken können. Man läßt diese zu, kehrt danach aber konsequent wieder zu den Suggestionen zurück. Das gelingt allmählich immer besser, wobei das später noch beschriebene Training des Vorstellungsvermögens gut hilft.

Tip

Unter Umständen empfiehlt es sich, die Vorstellungen zum Training auf eine Tonkassette zu sprechen, die beim Üben mit oder ohne Kopfhörer abgehört wird. Das verbessert die Wirkung oft erheblich, weil störende äußere Einflüsse überspielt werden.

Mit Hilfe von Mind Machines können Sie rasch eine tiefe Versenkung erzielen.

Inzwischen gibt es spezielle, als **Mind Machines** bezeichnete Geräte, die bei der Selbsthypnose helfen. Sie erzeugen elektronisch Ton-Licht-Signale, die mit einer Spezialbrille und Kopfhörern übertragen werden und direkt auf die Hirnstromaktivitäten wirken. Wissenschaftliche Untersuchungen und meine praktischen Erfahrungen bestätigen eindeutig, daß auf diese Weise tatsächlich rasch eine tiefe Versenkung erreicht wird. Sie kann schon nach wenigen Übungen so tief eintreten, wie man es ohne Mind Machines erst durch langes Training erreicht.

Im allgemeinen verfügen die Mind Machines über mehrere Programme, mit denen verschiedene Wirkungen erzielt werden können. So gibt es zum Beispiel Programme mit Frequenzmustern, die zur schnellen geistigen Erholung und Anregung führen, rasch tiefe Entspannung oder erholsamen kurzen Tiefschlaf herbeiführen; sie dauern etwa 15 bis 20 Minuten. Andere Programme dienen der längeren tiefen Entspannung, Versenkung und Einprägung von Suggestionen oder können das Lernen unterstützen; sie dauern bis zu 60 Minuten. Man kann solche Geräte also immer den jeweiligen Bedürfnissen anpassen, etwa morgens zur Anregung mit Selbsthypnose, in der Mittagspause zur kurzen Erholung und abends zur längeren Selbsthypnose mit Autosuggestionen einsetzen.

Beachten Sie

Die Anwendung der Mind Machines ist grundsätzlich unbedenklich, denn sie arbeiten ebenfalls nach einem natürlichen Wirkungsprinzip. Es sind aber einige Gegenanzeigen zu beachten, außerdem eignen sich nicht alle Geräte gleich gut. Besprechen Sie Kauf und Anwendung deshalb mit einem erfahrenen Therapeuten.

Die **Einleitung der Selbsthypnose** nach der von mir empfohlenen Technik beginnt mit folgender Vorstellung:

»Ich zähle jetzt von 1 bis 3. Dabei werden meine Augenlider schwerer und schwerer. Bei 3 sind sie sehr schwer und unüberwindlich fest verschlossen.«

Das stellen Sie sich einmal intensiv vor, atmen dann tief durch und fahren wie folgt fort:

1. »Meine Augenlider werden schwer, sehr, sehr schwer.«

Wiederholen Sie diese Vorstellung mehrmals, bis Sie die Schwere in den Lidern spüren. Dann folgt die Suggestion:

Stellen Sie sich die Kurzformeln nur im Geist vor, sprechen Sie sie niemals laut aus.

2. »Meine Augenlider sind jetzt schon sehr schwer und werden mit jedem Atemzug noch schwerer, so schwer wie Blei.«

Auch diese Vorstellung wiederholen Sie mehrmals und atmen dabei ruhig und tief, bis die Schwere deutlicher spürbar wird. Nun fahren Sie wie folgt fort:

3. »Nun sind meine Augenlider sehr, sehr schwer, schwerer als Blei, und fest, unüberwindlich fest verschlossen. Ich kann meine schweren Lider nicht mehr öffnen, bis ich mir das Gegenteil vorstelle.«

Anfangs tritt durch diese Vorstellungen meist nur eine leichte Wirkung ein. Mit zunehmender Übung stellt sich die Schwere aber immer deutlicher und schneller ein. Damit verbunden ist zunehmende Entspannung mit oberflächlicher Trance.

Sobald die Schwere in den Lidern rasch und deutlich realisiert wird, verkürzen Sie die Übung, indem Sie sich jede der obigen Vorstellungen nur noch einmal einprägen; in der Regel geht sie damit sofort in Erfüllung. Gelingt auch diese verkürzte Übung gut, stellen Sie sich zur Einleitung nur noch einmal intensiv vor:

»1 – 2 – 3 – Augenlider schwer und unüberwindlich fest verschlossen.«

Diese Kurzformel verwenden Sie nun zum Dauertraining als Einleitung der Selbsthypnose. Sie wird immer nur im Geist vorgestellt, nie laut gesprochen. Regelmäßiges Training mit dieser Vorstellung führt bereits eine leichte Trance herbei, in der Sie sich Suggestionen einprägen können. Es empfiehlt sich allerdings, nicht auf dieser Stufe zu bleiben, sondern die Trance mit der im folgenden beschriebenen Technik zu vertiefen.

Wichtig

Nach jeder Übung muß die Trance vollständig aufgehoben werden (siehe Seite 90). Das gilt auch dann, wenn man subjektiv keine Wirkung verspürte.

Vertiefung der Trance

Sobald die Einleitung der Trance gut beherrscht wird und zur deutlichen Entspannung führt, geht man zur Vertiefung weiter. Sie ist zwar nicht unbedingt erforderlich, damit die Suggestionen wirken, aber doch anzuraten, um alle Chancen der Selbsthypnose optimal zu nutzen. Im allgemeinen gelangt man durch die Vertiefung in ein mittleres Trancestadium, manche Menschen erreichen nach einigem Training sogar tiefe Trance.

Die Übung beginnt mit der Einleitung durch die inzwischen gewohnte Kurzformel:

»1 – 2 – 3 – Augenlider schwer und unüberwindlich fest verschlossen.«

Warten Sie kurz, bis Sie Schwere und Entspannung deutlich spüren, und fahren Sie dann zur Verstärkung der Trance wie folgt fort:

> **»Ich atme einmal tief durch und entspanne mich vollkommen.«**

Da Ihnen die Arbeit mit Vorstellungen inzwischen vertraut ist, tritt die Wirkung meist schon nach einmaliger Wiederholung ein; bei Bedarf kann obige Verstärkungsformel zunächst aber auch mehrmals wiederholt werden, bis Ruhe und Entspannung deutlicher spürbar werden. Dann folgt die vertiefende Formulierung:

> **»Ich atme tief und ruhig. Mit jedem Atemzug nimmt meine Ruhe zu, und ich sinke langsam tiefer und tiefer, in wohltuende Entspannung, die nichts und niemand mehr unterbrechen kann. Nur ich allein kann diesen Zustand wieder aufheben.«**

Nun bleiben Sie einfach liegen, atmen ruhig und lassen die zunehmende Entspannung zu. Keinesfalls dürfen Sie bewußt darauf achten, ob Sie sich tatsächlich immer tiefer entspannen, das führt nur zur inneren Spannung. Mit zunehmender Erfahrung werden Sie lernen, gelassen auf die Vertiefung der Trance zu warten, die unwiderstehlich eintritt.

Lassen Sie die Entspannung einfach zu. Achten Sie nicht bewußt darauf, ob sie sich auch wirklich einstellt.

Bei Menschen, die besonders gut auf die Vorstellungen ansprechen, kann sich eine sehr tiefe Trance mit völligem Verlust des Kontakts zur Umwelt einstellen. Grundsätzlich bleibt das ohne Bedeutung, denn wenn man in tiefer Trance die rechtzeitige Aufhebung des Zustands versäumt, geht sie in Schlaf über; daraus erwacht man nach einiger Zeit von selbst. Beim Training abends vor dem Einschlafen ist das sogar erwünscht, am Tag hat man dazu jedoch oft nicht genügend Zeit, versäumt vielleicht wichtige Termine. Außerdem kann es während der tiefen Trance zu Ereignissen in der Umgebung kommen, die sofortiges Handeln erfordern. Deshalb sorgt man durch gezielte Suggestionen dafür, daß auch in tiefster Trance der notwendige Minimalkontakt zur

Umwelt nicht verloren geht. Dazu eignet sich diese Formulierung:

»Ich bleibe in tiefer Trance, bis ich mich ausdrücklich daraus löse, behalte aber vollkommen meine Selbstkontrolle und nehme alles Wichtige in der Umgebung wahr; dadurch wird meine Trance nicht gestört. Wenn sich etwas ereignet, das meine sofortige Reaktion notwendig macht, erwache ich automatisch aus der Trance und veranlasse alles, was erforderlich ist.«

Dadurch bleibt der Kontakt zur Umwelt erhalten, ohne daß die Trance beeinträchtigt wird. Den unerwünschten Übergang der Trance in zu langen Schlaf vermeiden Sie, indem Sie sich genau vorgeben, wann Sie wieder erwachen wollen. Dazu eignet sich diese Formel:

»Tiefe Ruhe und Entspannung halten an, bis ich um ... Uhr (oder: in ... Minuten) frisch und erholt erwache.«

So programmieren Sie die Aufhebung der Trance zu einer bestimmten Uhrzeit oder nach einer bestimmten Trainingsdauer vor. Beim Training abends vor dem Einschlafen ist eine solche Vorstellung nicht notwendig, denn die tiefe Trance kann unmerklich in den Schlaf übergehen, aus dem man morgens zur gewohnten Zeit aufwacht.

Sie können die Trance zur Entspannung nutzen oder gezielt Suggestionen einprägen.

Wenn die vertiefenden Vorstellungen eine optimale Trance herbeigeführt haben, können Sie einfach einige Zeit in diesem Zustand bleiben und ihn danach wieder aufheben. Das wirkt ähnlich wie der hypnotische Heilschlaf; schon nach 5 bis 10 Minuten erwacht man frisch und gut erholt wie nach mehrstündigem Schlaf. Meist wird die Trance aber genutzt, um gezielt Suggestionen einzuprägen (siehe Seite 92).

Abschluß der Übungen

Jede Übung endet mit der ausdrücklichen Zurücknahme der Trance. Das gilt selbst dann, wenn man subjektiv keine Wirkung verspürte. Die körperlichen und seelisch-geistigen Veränderungen während des Trainings können in leichter Form nämlich unbemerkt bleiben.

Vorsicht

Wird die Zurücknahme unterlassen oder nicht korrekt vorgenommen, können noch stundenlang Müdigkeit, Schwindelgefühl, Taubheit und Kribbeln in den Gliedern zurückbleiben.

Die Aufhebung der Trance erfolgt bei der von mir empfohlenen Technik in umgekehrter Reihenfolge wie die Einleitung. Zunächst stellen Sie sich einmal intensiv vor:

»Ich fühle mich ganz ruhig, gelassen und sehr wohl. Wenn ich jetzt von 3 bis 1 zähle, kehre ich allmählich aus der Trance zurück. Sobald ich bei 1 angekommen bin, ist mein Körper wieder frei beweglich, meine Augen öffnen sich, ich bin dann vollkommen wach und fühle mich frisch, munter und gut erholt.«

Danach atmen Sie einmal tief durch und zählen dann langsam im Geist:

3. »Ich löse mich langsam aus der Trance.«
2. »Meine Glieder werden wieder frei beweglich; ich beuge und strecke kräftig meine Arme und Beine und räkle wohlig meinen ganzen Körper.«
1. »Meine Augenlider sind frei beweglich und öffnen sich; ich bin vollkommen wach, frisch und munter und fühle mich sehr wohl.«

Jetzt bleiben Sie noch kurze Zeit ruhig liegen und genießen das allgemeine Wohlbehagen, dann richten Sie sich langsam auf.
Wenn die Aufhebung der Trance vergessen oder nicht korrekt durchgeführt wurde und deshalb Mißempfindungen auftreten, leitet man die Hypnose nochmals ein und nimmt sie dann in der oben beschriebenen Weise richtig zurück.

Wichtig

Nicht notwendig ist die ausdrückliche Aufhebung, wenn Sie bei der Übung durch einen äußeren Reiz aus der Trance aufschrecken (was aber vermieden werden sollte) oder in normalen Schlaf gleiten und daraus von selbst erwachen.

Suggestionen zur gezielten Selbstbeeinflussung

Allein die regelmäßige tiefe Entspannung durch Selbsthypnose schützt bereits vor den schädlichen Folgen der alltäglichen Belastungen. Wer zum Beispiel bei Aufregungen, Ärger, Sorgen und Konflikten mit Selbsthypnose rasch kurz auf tiefe Entspannung umschalten kann, bewältigt den Streß danach leichter und schneller und nimmt keinen körperlichen Schaden. Auch die Leistungsfähigkeit wird durch tiefe Entspannung deutlich verbessert, eine weitere wichtige Voraussetzung zum zweckmäßigen **Streßmanagement**.

In Trance wird das Unbewußte aufnahmefähiger, so daß Sie mit Suggestionen gezielt Probleme angehen können.

Mit dieser einfachen Lebenshilfe sollen und müssen Sie sich aber nicht begnügen, die Selbsthypnose bietet noch viel mehr Möglichkeiten. Im Zustand der Trance wird das Unbewußte aufnahmefähiger für die Autosuggestionen, mit denen Sie **gezielt** spezielle Probleme, Konflikte und Krisen angehen können. Erst dieser gezielte Einsatz positiver Vorstellungen macht die Selbsthypnose zu einer universell nutzbaren Hilfe bei der Bewältigung des Lebens und der Selbstverwirklichung im Einklang mit sich selbst und der Mitwelt.

Sobald die Technik der Selbsthypnose so gut beherrscht wird, daß die tiefe Entspannung deutlich eintritt, können Sie mit der zusätzlichen Autosuggestion beginnen. Sie muß einige Grundvoraussetzungen erfüllen, damit eine zufriedenstellende Wirkung eintritt. Insbesondere kommt es darauf an, die Absichten eindeutig zu formulieren, bildhafte Vorstellungen dazu zu entwickeln und diese dann in der Trance einzuprägen.

Ziele klar formulieren

Das Unbewußte arbeitet in mancher Hinsicht recht primitiv. Im Gegensatz zum Verstand, der den Sinn und Zweck von Aussagen analysiert und daraus Rückschlüsse zieht, nimmt es die Vorstellungen wörtlich. Deshalb ist es von entscheidender Bedeutung, alle Ziele der Autosuggestion ganz klar und eindeutig herauszuarbeiten. Nur dann »versteht« das Unbewußte sie richtig und kann sie verwirklichen. Andernfalls könnte es zu Fehlreaktionen kommen oder überhaupt keine Wirkung eintreten. Im Zweifel ist es angezeigt, einen Therapeuten zuzuziehen, um die richtigen Suggestionen zu finden.

Am Anfang steht die Grundfrage, was Sie mit der Autosuggestion erreichen wollen. Nehmen Sie sich genügend Zeit, um die Ziele genau zu finden. Viele gute Absichten, Pläne und Hoffnungen scheitern nur deshalb, weil keine klare Zielsetzung erfolgt. Mit vagen Vorstellungen und »schwammigen« Suggestionen kann das Unbewußte nichts anfangen.

Hilfen für die Zielsetzung

Gehen Sie zur **Zielsetzung** am besten so vor, wie ich es in meinen Seminaren immer wieder lehre:

- Setzen Sie sich entspannt in einen bequemen Sessel und denken Sie einfach darüber nach, was Sie mit der Selbsthypnose bezwecken, welche Ziele Sie erreichen, welche Veränderungen Sie in Ihrem Leben vornehmen wollen. Lassen Sie alle Gedanken, die dazu auftauchen, einfach kommen, ohne sie gewollt zu steuern. Dabei fallen Ihnen spontan viele Absichten, Erwartungen, Pläne, Wünsche und Ziele ein. Notieren Sie alles auf einem Blatt Papier, ohne kritisch darüber nachzudenken. Es kommt zunächst nur darauf an, möglichst viel »Material« zu sammeln. Wenn Ihnen nichts mehr einfällt, legen Sie die Notizen zur Seite, ohne weiter darüber nachzudenken.
- Nach einigen Tagen holen Sie die Notizen wieder hervor und fragen sich bei jedem Ziel, warum Sie das erreichen wollen und ob es im Einklang mit Ihrer Persönlichkeit steht. Klären Sie die Motivation so genau wie möglich und überlegen Sie dann, ob sie wirklich so wichtig ist, daß sich das Streben danach lohnt. Wenn das selbstkritisch genug erfolgt, werden Sie verschiedene der spontan notierten Ziele wieder streichen, weil Sie nicht uneingeschränkt davon überzeugt sind.

- Die verbleibenden Ziele unterziehen Sie nun einer **Realitätskontrolle**. Fragen Sie sich bei jedem Ziel, ob Sie die notwendigen Voraussetzungen zur Realisierung besitzen oder schaffen können. Stecken Sie dabei die Ansprüche an sich selbst nicht zu niedrig, denn mit Hilfe positiver Suggestionen können auch Ziele verwirklicht werden, die man sich ohne Selbsthypnose nicht zutrauten würde. Wunder kann die Autosuggestion freilich auch nicht vollbringen; wer zum Beispiel völlig unmusikalisch ist, mag sich jahrelang positiv beeinflussen, er wird nie zum Virtuosen, weil die Grundvoraussetzungen dazu fehlen. Auch nach dieser kritischen Prüfung werden einige der spontan notierten Ziele aus der Liste gestrichen.
- Die restlichen Ziele sind realistisch und wichtig genug für Sie, um sich dafür einzusetzen. Allerdings können nie alle Ziele auf einmal angestrebt werden, Sie müssen Prioritäten setzen. Mehr als 2, höchstens 3 Absichten lassen sich nicht gleichzeitig einprägen, am besten konzentriert man sich nur auf ein wichtiges Ziel. Wer sich bei der Autosuggestion verzettelt, erzielt meist keine zufriedenstellende Wirkung. Fragen Sie sich also, wie wichtig die einzelnen Ziele im Augenblick für Sie sind, und stellen Sie danach eine Prioritätenliste auf. Daraus wählen Sie die ersten 1 bis 2 Ziele aus und beginnen, sie mit Hilfe der Autosuggestion zu verwirklichen.
- Sobald das gelungen ist, fährt man mit den nächsten 1 bis 2 Zielen fort. Da im Lauf des Lebens immer wieder neue Absichten, Wünsche und Erwartungen auftauchen, andere aber an Bedeutung verlieren, verändert sich diese Liste ständig. Man findet also immer wieder neue Ziele zum regelmäßigen Training.

Nach dieser Vorbereitung, die mehrere Tage dauern kann und sehr sorgfältig vorgenommen werden muß, erkennen Sie klar, mit welchen Absichten die Selbsthypnose begonnen wird. Diese 1 bis 2 Ziele müssen nun eindeutig und individuell ansprechend formuliert werden. Beachten Sie die folgenden Grundregeln:

Ziele formulieren

- Klare und unmißverständliche Angabe des Ziels in der Autosuggestionsformel.

- Positive oder indifferente Formulierung, die direkte Verbote* vermeidet, denn diese provozieren innere Widerstände. Die Vorstellungen sollen mit angenehmen Gedanken verknüpft werden und möglichst auch emotional ansprechen, dann helfen sie am besten. Ist das nicht möglich, verwendet man die Indifferenzformel: »... ganz gleichgültig«.
- Individuelle Formulierung der Vorstellungen im Einklang mit sich selbst, damit sie ohne innere Widerstände angenommen und rasch realisiert werden. Am besten entwerfen Sie mehrere Vorstellungen und verändern diese so lang, bis sie Ihnen persönlich uneingeschränkt gefallen. Meist erkennt man die individuell geeignete Formulierung, weil sich dazu spontan Zufriedenheit und innere Übereinstimmung bemerkbar machen; auf diese Reaktion des Unbewußten kann man sich im allgemeinen verlassen und mit der entsprechenden Vorstellung arbeiten.

Mit Hilfe dieser Grundregeln finden Sie zu jedem Ziel eine geeignete, gut wirksame Formulierung. Später werden wir bei den verschiedenen Anwendungsmöglichkeiten der Selbsthypnose noch beispielhaft Vorstellungen angeben, die vielen Menschen helfen. Diese dürfen jedoch nicht unkritisch übernommen werden, weil sie natürlich nicht individuell genug formuliert sind. Ändern Sie deshalb die Beispiele so lange ab, bis Sie völlig mit der Formulierung zufrieden sind.

Arbeiten Sie so lange an einer Formulierung, bis sie Ihren individuellen Wünschen entspricht.

Bildhafte Vorstellungen entwickeln

Die bewußt formulierten Ziele, die bei der Autosuggestion eingeprägt werden, wirken schon recht gut. Optimale Wirkung erzielt man aber erst, wenn diese Vorstellungen gleichsam »zum Leben

* Typisches Beispiel für eine falsche, weil negative Formulierung ist die Suggestion: »Rauchen schadet meiner Gesundheit – ich höre auf«. Das weiß jeder Raucher, aber es hilft ihm nicht bei der Entwöhnung. Auch das direkte Verbot »ich will/darf nicht mehr rauchen« eignet sich meist nicht, denn es provoziert innere Widerstände. Gut wirksam ist dagegen die **Indifferenzformel** »Rauchen vollkommen gleichgültig«, die man mit der positiven Vorstellung »Verzicht macht frei und glücklich« verbinden kann. Sinngemäß gilt dieses Beispiel auch für alle anderen Anwendungsgebiete der Selbsthypnose.

erweckt« werden, indem man dazu Bilder entwickelt. Da bildhafte Vorstellungen der **Sprache** des Unbewußten entsprechen, werden sie besser als nüchterne Formulierungen aufgenommen und realisiert.

Bildhafte Vorstellungen unterstützen ganz entscheidend die Wirkung der Suggestionen auf das Unbewußte.

In unserem Alltag stehen solche bildhaften Vorstellungen nicht mehr in hohem Ansehen, die technisierte Industriegesellschaft wird vom nüchternen Denken dominiert. Deshalb ist die Fähigkeit, Suggestionen mit Bildern zu kombinieren, bei vielen Menschen verkümmert. Es fällt ihnen schwer, bildhafte Vorstellungen zu entwickeln; die Wirkung der Autosuggestionen wird dadurch beeinträchtigt. Damit muß man sich jedoch nicht abfinden, das Vorstellungsvermögen läßt sich gezielt durch einfache Übungen verbessern. Die folgenden Beispiele aus meinen Seminaren helfen auch Ihnen, bildhafte Vorstellungen zu den Suggestionen zu entwickeln. Das erfordert konsequentes Training für einige Zeit, bis Sie merken, wie das bildhafte Vorstellungsvermögen deutlich gesteigert wird.

Die nachstehenden Übungen sind unterschiedlich schwierig. Beginnen Sie mit der leichtesten Übung 1, bis das Ergebnis Sie zufriedenstellt. Dann gehen Sie zur Übung 2 weiter – und so fort, bis auch die schwierigste letzte Übung gut gelingt.

Übung 1

- Stellen Sie eine brennende Kerze auf einen Tisch und setzen Sie sich ungefähr 1 m entfernt davon so nieder, daß sich die Flamme etwa in Augenhöhe befindet.
- Betrachten Sie 1 Minute lang konzentriert die Kerzenflamme.
- Nun schließen Sie die Augen und stellen sich etwa 30 Sekunden lang die ruhig brennende Flamme intensiv vor dem inneren Auge vor.
- Anschließend öffnen Sie die Augen wieder und vergleichen Ihre Vorstellung mit der realen Kerzenflamme.
- Sobald das gut gelingt, verlängern Sie die Vorstellung von der Flamme allmählich bis auf 5 Minuten. Wenn Sie die Kerzenflamme 5 Minuten lang konzentriert vor dem inneren Auge behalten können, hat sich Ihr Vorstellungsvermögen bereits gut gebessert.
- Nun gehen Sie zur nächsten Übung weiter.

Übung 2

- Setzen oder legen Sie sich entspannt nieder und schließen Sie die Augen.
- Achten Sie einfach auf Ihre Atmung, ohne sie willentlich zu beeinflussen. Allmählich atmen Sie automatisch ruhiger und tiefer, die Entspannung verbessert sich dadurch.
- Sobald Sie das spüren, öffnen Sie die Augen wieder und betrachten 30 Sekunden lang intensiv einen beliebigen Gegenstand in 2 bis 3 m Entfernung, zum Beispiel ein Möbelstück, das Teppich- oder Tapetenmuster. Versenken Sie sich in diesen Anblick, um das Bild zu verinnerlichen.
- Dann schließen Sie die Augen wieder und stellen sich den Gegenstand so klar und deutlich wie möglich vor dem **inneren Auge** vor.
- Öffnen Sie dann die Augen wieder und vergleichen das innere Bild mit dem realen Objekt.
- Nach kurzer Pause wiederholen Sie diese Übung, insgesamt noch viermal jeweils mit kurzer Unterbrechung.
- Nach 2 bis 3 Wochen, wenn der Gegenstand intensiv vorgestellt werden kann, verwenden Sie zum weiteren Training ein anderes Objekt oder fahren mit der nächsten Übung fort.

Übung 3

- Legen Sie einen beliebigen Gegenstand auf den Tisch und betrachten Sie ihn 2 Minuten lang intensiv.
- Dann legen Sie ihn außer Sichtweite oder decken ihn ab.
- Schließen Sie 30 Sekunden lang die Augen und stellen Sie sich das Objekt intensiv vor.
- Anschließend öffnen Sie die Augen wieder und zeichnen sofort den Gegenstand nach Ihrer Vorstellung auf ein Blatt Papier. Dabei kommt es nicht auf »künstlerische Qualität« an, sondern auf möglichst detailgenaue Darstellung.
- Führen Sie diese Übung 2 bis 3 Wochen lang durch, bis sich die Zeichnung des Objekts nicht mehr verbessern läßt. Dann üben Sie mit einem anderen Gegenstand oder gehen zur nächsten Übung weiter.

Übung 4

Diese Übung verbessert nicht nur das Vorstellungsvermögen, sondern führt auch zu mehr Selbstsicherheit, Körper- und Selbstbewußtsein.

- Stellen Sie sich dazu aufrecht vor einen großen Spiegel und falten Sie die Hände im Nacken.
- Betrachten Sie sich etwa zwei Minuten lang unbeweglich im Spiegel und lassen Sie sich dabei nicht ablenken.
- Dann atmen Sie tief aus, setzen sich nieder und lassen alle Muskeln erschlaffen.
- Bleiben Sie kurz in der Entspannung und blicken Sie dann wieder in den Spiegel, in dem das Gesicht vollständig erkennbar sein muß.
- Konzentrieren Sie Ihren Blick unverwandt mindestens eine Minute lang ohne Bewegung der Lider auf die Nasenwurzel zwischen den Augenbrauen.
- Danach atmen Sie tief durch und sagen sich im Geist:

»Jetzt erfüllt mich nur noch die Vorstellung von einer einzigen Sache.«

Es spielt keine Rolle, was Sie sich vorstellen, es muß nur so intensiv wie möglich erfolgen, damit daneben keine anderen Gedanken und Vorstellungen mehr auftauchen. Sie können sich zum Beispiel Ihr Gesicht vorstellen und in allen Einzelheiten vor dem inneren Auge ausmalen. Halten Sie diese Vorstellung anfangs mindestens zwei Minuten lang im Geist fest. Später dehnen Sie die Betrachtung des Körpers im Spiegel und die Konzentration des Blicks auf die Nasenwurzel auf 3 bis 5 Minuten und die folgende intensive Vorstellung auf 5 bis 10 Minuten aus. Sobald Sie das vorgestellte Objekt in allen Einzelheiten ausmalen können, verwenden Sie ein anderes oder gehen zur letzten Übung weiter.

Übung 5

Bei dieser schwierigsten Übung stellt man sich keine konkreten Objekte, sondern abstrakte Begriffe vor, zum Beispiel Frieden, Glück, Freundschaft, Liebe, Gerechtigkeit und ähnliche positive (**niemals negative**, wie z.B. Haß) Gedanken.

- Wählen Sie einen Begriff aus und stellen Sie sich dazu vor, wie er sich in der Realität auswirkt. Zunächst werden nur wenige konkrete Vorstellungen dazu auftauchen, mit zunehmender Übung entsteht schließlich eine Kette bildhafter Vorstellungen, die den abstrakten Begriff mit Leben erfüllt.

- Trainieren Sie mit einem Begriff, bis dazu keine weiteren Vorstellungen mehr auftauchen.
- Dann verwenden Sie in gleicher Weise einen anderen abstrakten Begriff.

Mit diesen 5 Übungen kann allmählich das Vorstellungsvermögen nachhaltig und anhaltend verbessert werden. Das hilft nicht nur bei Selbsthypnose und Autosuggestion, sondern erleichtert auch die kreative Bewältigung des Alltags und steigert die Konzentrationsfähigkeit.

Nachdem Sie 1 bis 2 Ziele der Autosuggestion klar formuliert und bei Bedarf Ihr bildhaftes Vorstellungsvermögen trainiert haben, verbinden Sie nun die Suggestionen mit Bildern. Dazu fragen Sie sich, was die Suggestionen in der Realität bewirken. Wenn Sie zum Beispiel das Rauchen aufgeben wollen, malen Sie sich zu der Suggestion »Rauchen vollkommen gleichgültig« konkret und plastisch aus, wie Sie sich in den verschiedensten Situationen des Alltags ohne Rauchen sicher und frei verhalten und Ihre Gesundheit sich allmählich verbessert. Das läßt sich hier nicht genauer darstellen, jeder muß dazu seine eigenen Bilder finden und diese zusätzlich zur verbalen Formulierung einprägen.

Unter Umständen empfiehlt es sich auch, das **mentale Training** anzuwenden, das nach fachlicher Anweisung erlernt werden soll. Dabei gebraucht man nicht nur verbale Suggestionen mit bildhaften Vorstellungen, sondern arbeitet sie ganz detailliert aus. Die Situation, in der die Suggestionen und bildhaften Vorstellungen wirken sollen, wird in allen Einzelheiten so vor dem inneren Auge entwickelt, wie sie tatsächlich ablaufen soll.

Beispiel

Ein Skispringer wird sich die verbale Formulierung »ich schaffe den Sieg« einprägen, ergänzt durch die bildhafte Vorstellung, wie er als Sieger die Medaille erhält. Zusätzlich stellt er sich beim mentalen Training im Geist ganz konkret vor, wie er startet, die Sprungschanze hinabfährt, vom Schanzentisch abspringt, durch die Luft schwebt und sicher landet. Er fährt also gleichsam mental immer wieder die gesamte Strecke ab, damit er sich später in der realen Wettkampfsituation automatisch richtig verhält. Das wird nicht immer zum Sieg führen (siegen kann nur einer), sorgt aber dafür, daß man die persönliche Bestleistung vollbringt. In der oben beschriebenen Weise kann man sich mental praktisch auf jede Situation intensiv vorbereiten, um die Suggestionen und bildhaften Vorstellungen zu unterstützen. Versuchen Sie das bei Bedarf einmal auf eigene Faust nach obiger Kurzbeschreibung. Wenn keine Wirkung eintritt, ziehen Sie einen erfahrenen Therapeuten zu.

Lassen Sie sich Zeit, bis die bildhaften Vorstellungen richtig ausgereift sind.

Bereiten Sie die bildhaften Vorstellungen zur Autosuggestion sehr sorgfältig in der oben erklärten Weise vor. Wenn es bei einem schwierigeren Problem etwas länger dauert, bis die individuell richtigen Bilder zu den verbalen Vorstellungen auftauchen, lassen Sie sich nicht dazu verleiten, ungeduldig bildhafte Vorstellungen zu gebrauchen, die noch nicht »ausgereift« sind. Erfolg oder Mißerfolg der Selbsthypnose hängen maßgeblich mit von den richtigen Formulierungen und Bildern ab. Die Zeit, die Sie zu deren Ausarbeitung aufwenden, sparen Sie später ein, weil individuell ansprechende Suggestionen rascher und nachhaltiger wirken.

Achten Sie am besten darauf, welche Empfindungen sich zu den Formulierungen und Bildern bei Ihnen einstellen. Wenn Sie nicht ganz zufrieden damit sind, überarbeiten Sie alles nochmals, bis Sie ein **gutes Gefühl** spüren. Auf diese Weise bringt das Unbewußte meist die innere Übereinstimmung zum Ausdruck, auf die man vertrauen kann.

Autosuggestionen in der Trance

Die verbalen und bildhaften Suggestionen müssen in die Selbsthypnose-Übung eingebaut werden. Im Zustand der Trance mit eingeschränktem Bewußtsein öffnet sich das Unbewußte für die Suggestionen, sie prägen sich tief ein und gehen schließlich automatisch in Erfüllung.

Voraussetzung zur Autosuggestion ist also zumindest eine oberflächliche, als leicht empfundene Trance, die durch die beschriebene einleitende Zähltechnik (siehe Seite 87) herbeigeführt wird. Schon in dieser leichten Hypnose, die Anfänger meist bald erreichen, wird das Unbewußte aufnahmefähiger für die Suggestionen. Manchmal wirken sie sogar überraschend schnell und gut, häufiger setzen sie sich allerdings langsamer durch als bei Einprägung in tieferer Trance.

Grundsätzlich spricht nichts dagegen, wenn Anfänger, die mit der einleitenden **Zähltechnik** eine oberflächliche Trance erreichten, in diesem Zustand Suggestionen einprägen. Sie dürfen sich nur nicht entmutigen lassen, wenn diese nicht rasch wirken, sondern sollten beharrlich weiter üben, bis die Wirkung schließlich spürbar wird. Unter dieser Voraussetzung kann auch die Autosuggestion in leichter Trance allmählich zu sehr guten Ergebnissen führen.

Suggestionen können bereits bei leichter Trance zu guten Ergebnissen führen – wenn Sie lange genug üben.

Wenn ein Ziel, das durch Autosuggestion angestrebt wird, besonders dringlich erscheint, können Sie also bereits in oberflächlicher Trance mit der Selbstbeeinflussung beginnen. Eilt es nicht so sehr, empfiehlt es sich jedoch, zunächst durch konsequentes Training die Trance zu vertiefen, ehe man mit der Autosuggestion beginnt. Das muß je nach Einzelfall entschieden werden.

Manche Vorstellungen sind so mächtig, daß sie sehr schnell und nachhaltig wirken, unter Umständen über Nacht. Aber das bleibt die Ausnahme. Im allgemeinen dauert es Tage bis Wochen, zuweilen gar Monate, bis sich die Suggestionen vollständig verwirklichen. Das richtet sich auch danach, wie schwerwiegend ein Problem oder ein Konflikt ist. Naturgemäß kann die Selbstbeeinflussung bei banalen Situationen rascher als in tiefgreifenden Krisen helfen.

Es genügt praktisch nie, sich die Suggestionen bei jeder Übung nur einmal vorzustellen, damit erreichen sie das Unbewußte kaum. Sobald die leichte oder tiefere Trance eingetreten ist, werden die Suggestionen mindestens 30mal hintereinander im Geist wiederholt oder leise gemurmelt (**niemals** laut sprechen) – und zwar mindestens zweimal am Tag. Sie können dabei 30mal den gleichen Wortlaut verwenden oder die Suggestionen etwas abän-

Die Suggestionen sollten bei jeder Übung mindestens 30mal wiederholt werden.

dern, wenn dabei der Sinn erhalten bleibt. Erfahrungsgemäß wirkt es oft am besten, monoton die gleichen Worte einzuprägen, denn darauf kann man sich besser konzentrieren. Außerdem diszipliniert die monotone Wiederholung der gleichen Worte die Gedanken, sie irren nicht mehr so leicht ab.

Nachdem die Vorstellungen 30mal wiederholt wurden, beendet man mit der beschriebenen Zurücknahme der Trance (siehe Seite 91). Sie können nach der Autosuggestion auch noch einige Minuten in angenehmer Entspannung und Ruhe verbleiben und die Worte nachklingen lassen, ehe die Trance aufgehoben wird.

Fehler bei der Suggestion

Wenn die Selbsthypnose durch einleitende Fremdhypnose erlernt wird, vermeidet die fachliche Anleitung mögliche Fehler bei der Suggestion. Wird sie selbständig eingeübt, treten Fehler vor allem dann auf, wenn die bisherigen Ausführungen nicht strikt beachtet werden. Zu den häufigsten Fehlerquellen gehören:

Häufige Fehler bei der Suggestion

- Voreilige Autosuggestion, ehe eine ausreichende Trance eintritt, so daß die Vorstellungen vom Unbewußten nicht richtig angenommen werden.
- Nicht klar genug formulierte Ziele der Autosuggestion, mit denen das Unbewußte nichts anzufangen weiß, vielleicht gar paradox darauf reagiert.
- Unzulänglich entwickelte bildhafte Vorstellungen zu den verbalen Formulierungen, so daß deren Wirksamkeit verringert wird.
- Fehler bei der Einprägung der Autosuggestionen, die das Unbewußte nicht richtig erreichen.

Alle diese Fehlerquellen schließen Sie aus, indem Sie die obigen Grundregeln zur Autosuggestion strikt beachten. Vor allem müssen Sie lernen, geduldig auf die Wirkung zu warten. Das Unbewußte läßt sich nicht »zwingen«, die Realisierung der Suggestionen muß im Einklang mit ihm erfolgen, sonst kann keine hinreichende Wirkung eintreten. Halten Sie sich also genau an die auf praktischer Erfahrung beruhenden Empfehlungen, dann werden Fehler weitgehend vermieden.

Besonders oft wird die Autosuggestion durch die **Einschaltung des Willens** behindert. Wir alle sind gewöhnt, im Alltag den Willen einzusetzen, um Ziele zu erreichen und Aufgaben zu bewältigen. Das kann natürlich auch gelingen, aber bei der Autosuggestion ist der Willen unerwünscht. Jede Willensanstrengung führt zur inneren Anspannung, die wiederum die Aufnahme und Verwirklichung der Ziele be- und verhindert. Nur wenn der Willen im Einklang mit den bildhaften Vorstellungen steht, kann er Autosuggestionen fördern, andernfalls behindert er sie.

Allgemein gilt

Falls der Willen den bildhaften Suggestionen widerspricht, setzen sich im allgemeinen die Vorstellungen durch, weil sie der »Sprache« des Unbewußten besser entsprechen.

Es gibt zahlreiche Beispiele dafür, wie machtlos der Willen bleibt, wenn er nicht mit den Bildern des Unbewußten übereinstimmt. Viele Menschen versuchen beispielsweise willentlich, sich das Rauchen abzugewöhnen oder ihr Übergewicht zu reduzieren. Wenn das nur willentlich versucht wird, liegt die Erfolgsaussicht auf längere Sicht nur bei 10 bis 20%. Unterstützt man die willentliche Absicht dagegen durch eine Autosuggestionstechnik, erhöht sich die Erfolgsquote nach meiner praktischen Erfahrung auf bis zu 80%. Das Rückfallrisiko sinkt ebenfalls deutlich, wenn nach erfolgreicher Entwöhnung noch längere Zeit konsequent weiter geübt wird, um auch die tiefer im Unbewußten verwurzelten Motive des Rauchens oder Übergewichts zu erfassen.

Allerdings können sich viele Menschen schwer damit abfinden, daß Willen und Verstand allein ohne Unterstützung durch bildhafte Vorstellungen wenig ausrichten. Ist es nicht oft so, daß erfolgreiche Menschen immer das erreichen, was sie ganz fest wollen, und weniger erfolgreiche Opfer ihrer **Willensschwäche** werden? Aber das scheint nur auf den ersten Blick so. Wer immer erzielt, was er will, verdankt das in erster Linie dem Umstand, daß seine Willensziele im Einklang mit dem Unbewußten stehen und keine Widerstände provozieren.

Man kann diese Zusammenhänge in den folgenden drei **seelischen Grundgesetzen** auf einen einfachen Nenner bringen:

1. Alles erfüllt sich unweigerlich, was wir uns bildhaft vorstellen, sofern dem keine ebenso einflußreiche andere bildhafte Vorstellung entgegensteht.
2. Willensanstrengungen ohne bewußt oder unbewußt entwickelte übereinstimmende bildhafte Vorstellungen bleiben weitgehend wirkungslos, provozieren zum Teil sogar erhebliche innere Widerstände.
3. Wenn bildhafte Vorstellungen und bewußte Willensziele in Widerspruch stehen, siegt letztlich immer die Macht der Vorstellungen.

Auf die Autosuggestionen übertragen bedeutet das praktisch, daß Verstand und Willen zunächst die Ziele erkennen und klar herausarbeiten, damit sie anschließend individuell formuliert und mit bildhaften Vorstellungen kombiniert werden. Erst danach eignen sie sich zur Autosuggestion, die vom Unbewußten angenommen und realisiert wird.

Anfangs fällt es meist schwer, sich ohne Willensanstrengung einfach passiv den bildhaften Suggestionen hinzugeben. Verstand und Willen drängen aus Gewohnheit dazu, aktiv zu werden, damit das Ziel schneller erreicht wird. Mit wachsender Erfahrung gelingt das aber immer besser. Schließlich empfinden viele es als angenehm, sich nicht willentlich anstrengen zu müssen.

5 KAPITEL

Selbsthypnose – die universelle Lebenshilfe

Bildhafte Vorstellungen, die bei der Selbsthypnose zur tiefen Entspannung und Autosuggestion eingesetzt werden, wirken umfassend auf Körper, Geist und Seelenleben. Deshalb können sie bei nahezu allen Problemen und Krisen des Alltags sowie bei vielen Beschwerden und Erkrankungen genutzt werden. Manchmal genügt die Methode allein, oft wird sie aber mit anderen Heilverfahren kombiniert.

Im begrenzten Rahmen eines Buchs können nicht alle Anwendungsmöglichkeiten der Selbsthypnose einzeln beschrieben werden. Sie ergeben sich aus den individuellen Lebensumständen und Bedürfnissen. Grundsätzlich können Sie bei allen körperlichen und seelisch-geistigen Schwierigkeiten versuchen, die Selbsthypnose einzusetzen.

Im folgenden sind die wichtigsten Anwendungsgebiete, die viele Menschen betreffen, ausführlich dargestellt. Dazu erhalten Sie Beispiele zur gezielten Autosuggestion, die sich in der Praxis gut bewähren. Diese müssen Sie aber nicht genau übernehmen. Sie sollen lediglich veranschaulichen, wie man bei den einzelnen Anwendungsgebieten vorgehen kann.

Tip

Wenn Ihnen diese Beispiele nicht zusagen, variieren Sie die Autosuggestionen, bis die individuell am besten geeigneten gefunden wurden. Damit arbeiten Sie dann, bis der Erfolg sich eingestellt hat.

Körperlich gesund und fit

Positive Vorstellungen wirken über das vegetative Nervensystem günstig auf jede einzelne Körperzelle.

Positive Vorstellungen wirken in vielfältiger Weise auf körperliche Funktionen, das steht inzwischen aufgrund wissenschaftlicher Forschungen zweifelsfrei fest. Vor allem kommen diese Wirkungen über das **vegetative**, von Verstand und Willen unabhängig arbeitende Nervensystem zustande. Dieser aus Sympathikus und Parasympathikus bestehende Anteil des Nervensystems bildet gleichsam die »Brücke« zwischen Körper und Psyche. Seine Impulse gelangen bis in jede einzelne Zelle und können deren Funktionen direkt beeinflussen. Darüber hinaus steuert das vegetative Nervensystem die Tätigkeit der Hormondrüsen mit. Auf diese Weise bestimmt es das **biochemische Milieu** im Körper mit, so daß eine zusätzliche indirekte Wirkung eintritt.

Die Erforschung des Wechselspiels zwischen Körper und Seelenleben steckt noch in den Kinderschuhen, viele Fragen lassen sich noch nicht befriedigend beantworten. Sicher nachgewiesen wurde aber bereits, daß psychische Vorgänge die körpereigenen Abwehr- und Selbstheilungsregulationen, also das lebenswichtige **Immunsystem**, direkt und indirekt beeinflussen. Allein daraus erklärt sich bereits ein Teil der körperlichen Wirkungen der Selbsthypnose. Außerdem scheinen psychische Vorgänge indirekt die Stoffwechselfunktionen, Zellatmung und Durchblutung mit zu steuern, was gleichfalls zur umfassenden körperlichen Wirkung beiträgt. Vermutlich gibt es überhaupt keinen körperlichen Vorgang, an dem seelisch-geistige Vorgänge nicht beteiligt sein können.

Wichtig

Die Autosuggestion in Trance kann zur regelmäßigen Gesundheitsvorsorge und Leistungssteigerung genutzt werden. Darüber hinaus ergänzt sie meist nachhaltig die Therapie körperlicher Krankheiten, angefangen bei banalen Erkältungen bis hin zu Krebs.

Am besten verwenden Sie die Selbsthypnose ebenso wie gesunde Ernährung und ausreichend Bewegung zur täglichen Gesundheitsvorsorge, das entzieht vielen Erkrankungen von vornherein die Grundlage.

Die tägliche Gesundheitspflege

Gute Gesundheit ist keine Gnade des Schicksals, darum muß man sich aktiv Tag für Tag bemühen. Bei manchem Menschen mag eine günstige Veranlagung die »sturmfeste« Gesundheit fördern, aber auch eine solche Anlage setzt sich nicht richtig durch, wenn man mögliche Risiken nicht ausschaltet. Eine ungünstige Veranlagung hingegen kann ein Leben lang unbemerkt bleiben, wenn sie durch besonders gesunde Lebensweise ausgeglichen wird.
Es lohnt sich also immer, aktiv die Gesundheit zu pflegen. Der eine wird dadurch noch gesünder und widerstandsfähiger, dem anderen bleiben zumindest ernstere Krankheiten erspart. Autosuggestionen bei der Selbsthypnose leisten dazu einen wichtigen Beitrag.

Allerdings kann die positive Selbstbeeinflussung nur dann optimal wirken, wenn gleichzeitig einige Grundvoraussetzungen für stabile Gesundheit geschaffen werden. In erster Linie gehören dazu:

Voraussetzungen für eine stabile Gesundheit

- **Vollwertige Ernährung** mit reichlich Rohkost und zubereiteten pflanzlichen Lebensmitteln sowie vollwertigen Getreideprodukten, aber nur mäßig tierische Fette und Fleischprodukte.
- Maßvoller Umgang mit **Genußmitteln** wie Alkohol, Kaffee, Schwarztee, Zucker, Schokolade, andere Süßigkeiten und Backwaren aus denaturiertem Weißmehl; darauf muß man nicht völlig verzichten, aber der übliche Mißbrauch soll deutlich eingeschränkt werden. Keine Toleranzgrenze gibt es beim Rauchen, auf das immer verzichtet werden muß.
- Ausreichend **Bewegung** entsprechend der persönlichen Leistungsfähigkeit; für Gesunde wird grundsätzlich zweimal täglich je 5 bis 10 Minuten Gymnastik und 3- bis 4mal wöchentlich je 30 Minuten Ausdauersport an der frischen Luft empfohlen.

- Regelmäßige **Abhärtung**, die zum Teil durch Bewegung im Freien eintritt, ergänzt durch die verschiedenen Wasseranwendungen nach Pfarrer Kneipp.
- Vernünftige **Lebensführung** im harmonischen Wechsel von Anspannung, Erholung und Schlaf, um übermäßige und dauernde Beanspruchung zu vermeiden, innere Harmonie und Gelassenheit zu fördern.

Nur wenn diese Grundbedingungen geschaffen werden, kann die Autosuggestion zur Gesundheitsvorsorge optimal wirken. Keinesfalls darf man die Selbsthypnose mißbrauchen, um Fehler der Lebensweise auszugleichen; das könnte zwar einige Zeit gelingen, jedoch nie auf Dauer. Aber gezielte Autosuggestionen helfen natürlich auch dabei, falsche Gewohnheiten wieder zu »verlernen«, zum Beispiel die Fehlernährung umzustellen, Rauchen und Alkoholmißbrauch aufzugeben und zu hohen Streß abzubauen (siehe auch Seite 127, 132).

Allein die tiefe Entspannung durch Selbsthypnose kann zur Gesundheitsvorsorge genügen. Man erholt sich dadurch schneller, bleibt im Alltag ruhiger und gelassener, vermeidet schädliche überschießende Streßreaktionen, schläft besser und erholsamer

Unterstützt die Wirkung der Selbsthypnose: eine gesunde Ernährung mit viel Obst und Gemüse.

und gelangt allmählich zu einer insgesamt gesünderen Lebensweise im harmonischen Einklang mit sich selbst und der Umwelt. Wenn Sie mit diesen Wirkungen zufrieden sind, reicht es aus, täglich zweimal durch Selbsthypnose die Tiefentspannung zur regelmäßigen Vorsorge herbeizuführen.

Meist empfiehlt es sich jedoch, die Wirkung durch zusätzliche gezielte Autosuggestionen zu verbessern. Dazu eignen sich verschiedene positive Vorstellungen. So kann man sich zum Beispiel einprägen:

»Ich bin und bleibe gesund, fit und stark.«

Vorsorge

Diese Formulierung enthält alles, was mit der Gesundheitsvorsorge durch Selbsthypnose angestrebt wird. Bestehen bereits gesundheitliche Probleme, kann folgende Vorstellung bald helfen:

»Meine Gesundheit bessert sich von Tag zu Tag.«

Gesundheit

Aber auch Coués Generalformel zur Beseitigung körperlicher Beschwerden kommt in Frage:

»Von Tag zu Tag, in jeder Hinsicht, geht es mir besser und besser.«

Auf solche Vorstellungen reagiert der Körper vor allem mit Aktivierung der Abwehr- und Selbstheilungsregulationen. Überdies werden viele andere Körperfunktionen gestärkt und harmonisiert. So schaffen Sie die Voraussetzungen für die Erhaltung, Verbesserung oder Wiederherstellung der körperlichen Gesundheit und des Wohlbefindens. Die Wirkung kann rasch eintreten, oft dauert es aber etwas länger. Übt man auf diese Weise Tag für Tag ein Leben lang, bestehen günstige Aussichten, bis ins hohe Alter gesund, rüstig, seelisch-geistig frisch, aktiv und lebensfroh zu bleiben.

Allerdings besteht dabei ein gewisses Risiko. Man kann durch solche Vorstellungen zum **eingebildeten Gesunden** werden und verschleppt vielleicht eine Krankheit unnötig lang, bis manchmal überhaupt keine wirksame Therapie mehr möglich ist. Das muß natürlich verhindert werden, indem man zur Heilung körperlicher Störungen eine umfassende Behandlung durchführt, zum Beispiel durch bewährte Naturheilverfahren. Diese werden dann durch die Autosuggestionen gezielt wirksam ergänzt.

Jedes Risiko kann zuverlässig ausgeschlossen werden, indem man die folgenden Grundregeln zur Autosuggestion bei körperlichen Beschwerden strikt beachtet:

Grundregeln für die Autosuggestion bei körperlichen Beschwerden

- Ohne fachliche Untersuchung und Verlaufskontrolle dürfen nur offensichtlich leichte akute körperliche Störungen selbständig durch Naturheilverfahren mit Autosuggestion behandelt werden.
- Wenn die körperlichen Beschwerden nicht innerhalb von 2 bis 3 Tagen deutlich gebessert werden und bald danach vollständig dauerhaft ausheilen, wenn die Symptome sich trotz Selbsthilfe gar verschlimmern oder zusätzliche Beschwerden auftreten, muß der Therapeut zugezogen werden.
- Bei chronischen Krankheiten kann Autosuggestion zwar das Leben mit den Beschwerden erleichtern, vielleicht sogar zur Heilung beitragen, aber der Krankheitsverlauf muß fachlich überwacht werden.

Man kann es auf einen einfachen Generalnenner bringen:

Besser sucht man auch bei scheinbar leichten, aber unklaren Beschwerden einmal unnötig den Therapeuten auf, als das geringste Risiko einer falschen Selbstbehandlung einzugehen.

Das gilt aber nicht nur bei der Autosuggestion, sondern für jede Art der Selbsthilfe.

Steigerung der körperlichen Leistungsfähigkeit

Im allgemeinen schöpfen wir unser Leistungsvermögen nur teilweise aus, viele Reserven liegen brach. Das ist auch sinnvoll, um Überforderungen zu vermeiden und im Notfall rasch zusätzliche Kapazitäten aktivieren zu können.

Vorsicht

Autosuggestionen bei der Selbsthypnose dürfen keinesfalls mißbraucht werden, um alle Leistungsreserven einzusetzen und Raubbau mit den Kräften zu treiben – das endet über kurz oder lang mit gefährlicher Erschöpfung.

Angezeigt sind Suggestionen zur Leistungssteigerung vor allem dann, wenn eine nicht krankhafte Leistungsschwäche besteht, die sich zum Beispiel aus mangelnder Motivation oder fehlendem Vertrauen in die eigenen Fähigkeiten erklärt. In solchen Fällen kann bereits die tägliche Tiefentspannung mit Suggestionen zur Gesundheitspflege allmählich das Leistungsvermögen deutlich bessern. Zusätzlich eignen sich spezielle Suggestionen, die sich nach den persönlichen Lebensumständen richten. Geeignet sind zum Beispiel die folgenden Formulierungen:

Leistungsfähigkeit

»Arbeit gelingt leicht und gut – ich schaffe alles, erreiche meine Ziele.«

Dadurch läßt sich die allgemeine Leistungsfähigkeit gut aktivieren. Die Generalformel »... ich schaffe alles, erreiche meine Ziele« kann ersetzt werden durch die Angabe konkreter einzelner Ziele, für die eine Leistungssteigerung erwünscht ist.

Wenn das Leistungsvermögen durch Unsicherheit und mangelndes Selbstvertrauen behindert wird, kann die folgende Suggestion gut wirken:

Selbstvertrauen

»Ich arbeite gut und sicher mit Kraft und Freude – vertraue auf mich.«

Darüber hinaus gibt es noch einige Formulierungen, mit denen Sportler gezielt ihr Leistungsvermögen verbessern, ihre Motivation steigern und das Verletzungsrisiko verringern können. Folgende Suggestionen kommen dazu in Frage:

Sport

»Ich trainiere regelmäßig locker, kraftvoll und froh – ich halte durch und erreiche mein Ziel.«

Auf diese Weise motiviert man sich gut zum regelmäßigen Training und beugt Verspannungen der Muskulatur mit erhöhtem Verletzungsrisiko vor. Auf bevorstehende Wettkämpfe können sich Sportler zum Beispiel durch die Formulierung vorbereiten:

Sport

»Ich starte locker und kraftvoll – gebe mein Bestes und erringe den Sieg.«

Wenn Nervosität beim Start oder Angst vor einem Gegner die Leistungsfähigkeit behindern, kann die nachstehende Suggestion helfen:

Sport

**»Ich bleibe locker und gelassen und gebe alles –
Gegner (oder: Sieg) ganz gleichgültig, ich schaffe alles.«**

Solche Suggestionen, die bei Bedarf individuell variiert werden, eignen sich nicht nur für Leistungssportler. Auch der Freizeitsportler, der aus Freude an der Bewegung und zur Gesundheitspflege trainiert, wird dadurch besser motiviert, steigert seine Leistungsfähigkeit und verringert das Verletzungsrisiko.

Leben im Einklang mit sich selbst

Zufriedene, glückliche und erfolgreiche Menschen zeichnen sich häufig dadurch aus, daß sie im Einklang mit sich selbst ihr Leben gestalten. Sie ruhen in sich selbst und gewinnen daraus Kraft und Selbstvertrauen für ein selbstbestimmtes, erfülltes Leben. Das setzt als Grundbedingung bessere Selbsterkenntnis voraus, denn nur wer sich selbst gut kennt und versteht, kann im Einklang mit sich selbst leben und handeln.

Bessere Selbsterkenntnis ist eine Grundvoraussetzung für Lebensfreude und Harmonie.

Aus der Selbsterkenntnis erwachsen dann mehr Selbstvertrauen und innere Sicherheit, die Erfolge und Selbstverwirklichung ermöglichen. Das wiederum fördert die Lebensfreude und positives Denken. Schließlich führt ein Leben in innerer Harmonie auch zu einem Verhalten, das den Einklang mit der Umwelt begünstigt, die unausweichlichen Konflikte mit anderen jedoch nicht unterdrückt.

Diese grundlegenden Voraussetzungen für ein erfülltes, glücklicheres Leben lassen sich mit Hilfe der Autosuggestion in Selbsthypnose verbessern. Das kann einige Zeit in Anspruch nehmen, denn Probleme in diesem Bereich sind häufig tief in der Persönlichkeit verwurzelt und stammen zum Teil noch aus der frühen Kindheit. Aber durch beharrliches Üben gelingt es allmählich, die seelischen Hemmungen und Blockaden aufzulösen. Die Mühe dabei lohnt sich, denn Glück, Erfolg und Zufriedenheit streben wir letztlich alle an.

Vertiefte Selbsterkenntnis

Wer bin ich, was steckt in mir, wie kann ich meine Möglichkeiten verwirklichen, um ein zufriedenes, persönlich erfolgreiches Leben zu führen? Solche grundsätzlichen Fragen stellen sich die meisten Menschen, oft in Krisenzeiten ihres Lebens. Das zielt auf unsere »Mitte«, den Kern der Persönlichkeit, in dem wir ruhen, aus dem wir Kraft, Energie und Kreativität für den Alltag schöpfen.

Manche Menschen finden darauf Antworten, mit denen sie leben können, auch wenn diese nicht immer richtig sind. Andere ringen ein Leben lang um solche Einsichten, ohne je zufriedenstellende Antworten zu finden. Dabei bildet doch die ausreichende Selbsterkenntnis, das Verständnis für die eigene Persönlichkeit, ihre lebensgeschichtliche Entwicklung und ihre Möglichkeiten, eine Grundbedingung für ein erfülltes glückliches Leben. Danach müssen wir ständig streben, uns zugleich aber bewußt bleiben, daß dies eine Lebensaufgabe darstellt, die nie zu Ende geht – der Weg ist das Ziel.

Selbsterkenntnis verhindert Mißerfolge, Enttäuschungen und die Vergeudung von Energie.

Nur wer sich selbst besser kennt und versteht, ist auch in der Lage, sein Leben individuell richtig zu gestalten, persönlich wichtige Ziele zu erkennen und zu realisieren. Das beugt vielen Enttäuschungen, Mißerfolgen und der Verzettelung von Kraft, Energie und Kreativität vor. Meist erweist sich dieser Weg zur Selbsterkenntnis aber als beschwerlich. Selbsttäuschungen kommen häufig vor, weil sich in uns ein idealisiertes Selbstbild befindet, das angibt, wie wir selbst sein möchten. Wenn wir dem zu wenig entsprechen, neigen wir unbewußt dazu, die Selbsterkenntnis zu verfälschen. Unter Umständen treten dann ernstere psychische Störungen auf, weil man nicht dem Weg folgt, den das Seelenleben vorgibt.

Weitgehend vermeiden lassen sich diese unerwünschten Selbsttäuschungen durch Selbsthypnose mit Suggestionen, die gezielt die Selbsterkenntnis fördern. So kann man sich zum Beispiel vorstellen:

Selbsterkenntnis

»Ich verstehe mich selbst – nehme mich an.«

Der erste Teil dieser Suggestion verbessert das realistische Selbstbild und korrigiert falsche Vorstellungen von der eigenen Persönlichkeit; das Verständnis für die eigene Entwicklung zu dem Menschen, der man heute ist, wird gefördert.

Mit dem zweiten Teil der Suggestion erreichen Sie, daß auch unangenehme Einsichten, die nicht mit dem idealisierten Selbstbild im Einklang stehen, angenommen und bewältigt werden können. Das ist sehr wichtig, damit die Selbsterkenntnis nicht teilweise wieder verdrängt wird oder gar Schuld- und Schamgefühle erzeugt.

Wichtig

Was Ihre persönliche Entwicklung beeinflußte, läßt sich nicht mehr rückgängig machen. Sie sind im Augenblick so, wie Sie im Lauf des Lebens durch vielfältige Einflüsse geprägt wurden. So müssen Sie sich zunächst auch annehmen und verstehen. Nur unter dieser Voraussetzung besteht die Chance, durch weitere Suggestionen alles an Ihrer Persönlichkeit zu verändern, was Ihnen nicht gefällt.

Die regelmäßige Arbeit an der vertieften Selbsterkenntnis wirkt nicht sofort. Meist gewinnen Sie nur langsam tiefere Einsichten, die allmählich das Bild von der eigenen Persönlichkeit erweitern und abrunden. Dabei können stärkere seelische Krisen auftreten, wenn beispielsweise schmerzliche Erinnerungen an die Vergangenheit auftauchen. Diesen dürfen Sie nicht ausweichen, aber es kann notwendig werden, sie mit fachlicher Hilfe nachträglich zu verarbeiten, damit sie endgültig ihren störenden Einfluß verlieren.

Allerdings darf die Selbsterkenntnis nicht das einzige Ziel der Autosuggestion bleiben. Zwischendurch werden andere Absichten in den Vordergrund treten. Dann kann die Erforschung der eigenen Persönlichkeit unterbrochen werden, bis sich die anderen Suggestionen erfüllt haben. Danach kehrt man wieder zur Selbsterkenntnis zurück, bis die nächste Aufgabe eine Unterbrechung erfordert.

Weichen Sie schmerzlichen Erinnerungen nicht aus, sondern versuchen Sie, diese zu verarbeiten.

Selbstvertrauen und innere Sicherheit

Die vertiefte Selbsterkenntnis schafft auch die Voraussetzungen für **Selbstvertrauen** und **Selbstsicherheit**. Man kann sich nur dann selbst vertrauen, sicher in sich selbst ruhen, wenn man ein realistisches Selbstbild erarbeitet. Zum Teil stellen sich Selbstvertrauen und innere Sicherheit allein durch die verbesserte Selbsterkenntnis ein, weil man dabei allmählich das Bewußtsein für den eigenen Wert entwickelt.

Oft empfiehlt es sich allerdings, die Selbsterkenntnis durch gezielte Suggestionen für mehr Selbstvertrauen und Selbstsicherheit zu ergänzen. Die Ursachen für innere Unsicherheit, Hemmungen und Minderwertigkeitsgefühle können nämlich so tief in der Persönlichkeit verwurzelt sein, daß Selbsterkenntnis allein sie nicht überwindet. Zu denken ist beispielsweise an eine entmutigende Erziehung in der Kindheit oder negative Erfahrungen im späteren Leben, die tief verunsichern und das Selbstvertrauen nachhaltig erschüttern. Dagegen helfen spezielle Suggestionen, die je nach Ursachen individuell ausgearbeitet werden. Bei besonders schwerwiegenden Problemen kann für einige Zeit fachliche Hilfe notwendig werden.

Falsche **Hemmungen**, die meist auf Unsicherheit, mangelndem Selbstvertrauen und Minderwertigkeitsgefühlen beruhen, lassen sich zum Beispiel durch folgende Autosuggestion allmählich beseitigen:

Hemmungen

»Ich fühle mich sicher und frei – bleibe stets ruhig und gelassen.«

Wenn **Selbstwertprobleme** im Vordergrund stehen, kann eine Formulierung helfen, die den eigenen Wert bewußter macht:

Selbstwertprobleme

»Ich erkenne meinen Wert – das macht mich sicher, frei und gelassen.«

Diese beiden Vorstellungen können jeweils durch die Suggestion zur verbesserten Selbsterkenntnis ergänzt werden, das vervollständigt die Wirkung. Dazu stellen Sie sich zum Beispiel nach einer der obigen Suggestionen noch vor:

»Ich erkenne mich selbst – werde selbstbewußt.«

Da Unsicherheit und Hemmungen oft mit **Erröten** einhergehen, kann bei Bedarf eine Suggestion wie folgt benutzt werden:

Erröten

»Erröten vollkommen gleichgültig, Gesicht bleibt frei und angenehm kühl – immer und überall bin ich ruhig und gelassen.«

Diese Vorstellung beseitigt meist bald die Neigung zum Erröten und fördert überdies Sicherheit und Selbstvertrauen. Sie können noch die Suggestion zur vertieften Selbsterkenntnis anhängen.

Häufig bestehen Unsicherheit, Minderwertigkeits- und Unterlegenheitsgefühle nicht ständig, sondern nur beim Kontakt mit bestimmten Personen oder in speziellen Situationen. Wer sich unsicher und minderwertig fühlt, erlebt zwangsläufig andere als überlegen, zum Beispiel Vorgesetzte, Kollegen oder Amtspersonen. Wenn in solchen Fällen die allgemeine Suggestion gegen Hemmungen und für mehr Selbstwertgefühl und Selbstsicherheit nicht ausreichend wirkt, kann zum Beispiel die folgende Vorstellung zusätzlich oder ausschließlich gebraucht werden:

Unterlegenheit

»Alle Menschen sind gleich – ich erkenne meinen Wert.«

Auch die **Indifferenzformel** kann angezeigt sein, um Hemmungen und Unsicherheit gegenüber bestimmten Personen oder in speziellen Situationen zu überwinden. Dazu stellt man sich zum Beispiel vor:

Hemmungen vor Personen

»Herr/Frau ... vollkommen gleichgültig – ich erkenne meinen Wert, bleibe ruhig, sicher, frei und setze mich durch.«

Ein besonderes Problem bildet es für die meisten unsicheren, gehemmten Menschen, vor anderen frei zu sprechen, überzeugend die eigene Meinung zu vertreten. Schon die Vorstellung davon setzt sie unter extremen Streß, die befürchteten Folgen (wie Versprechen, den Faden verlieren, Stottern, Erröten) treten deshalb prompt ein. Das verstärkt beim nächsten Anlaß die negativen Erwartungen – ein Teufelskreis kommt in Gang.

Die **verbale Kommunikation** bildet eine wichtige Voraussetzung für überzeugende Selbstdarstellung. Wer dazu nicht in der Lage ist, verbaut sich viele Chancen im Beruf und Privatleben, gilt oft als langweilig, desinteressiert oder unfähig. Die Kunst der überzeugenden freien Rede kann man einüben, dazu gibt es spezielle Literatur und Seminare (auch an Volkshochschulen). Zusätzlich empfehlen sich Suggestionen, um die Ängste und Hemmungen vor dem freien Sprechen abzubauen. Gut bewährt sich zum Beispiel die Vorstellung:

Freie Rede

»Ich spreche ruhig, gelassen und sicher – mein Worte überzeugen.«

Diese Grundformel kann individuell variiert werden:

»Reden gelingt sicher und frei – ich spreche flüssig und überzeugend.«

Bei ausgeprägter Angst vor den Zuhörern und ihren Reaktionen können diese Vorstellungen durch die **Indifferenzformel** ergänzt werden:

»Zuhörer/Publikum vollkommen gleichgültig.«

Dadurch wird die Angst allmählich abgebaut und man lernt, sich auf die Rede zu konzentrieren, ohne besorgt immer wieder auf die Reaktionen der Zuhörer zu achten. Selbstverständlich können diese Suggestionen aber nur dann gut wirken, wenn man das Thema gut beherrscht und qualifiziert dazu sprechen kann. Jede nicht spontan gehaltene Rede muß deshalb sorgfältig vorbereitet werden. Das erzeugt die fachliche Sicherheit, ohne die man auch nach intensiver Autosuggestion kaum überzeugen kann.

Erfolg und Selbstverwirklichung

Die meisten Menschen streben nach Erfolg, um sich selbst zu verwirklichen und Selbstwertgefühl aufzubauen. Was man unter Erfolg versteht, läßt sich allerdings nicht allgemein verbindlich definieren. Viele stellen den beruflichen Erfolg in den Vordergrund, für andere zählen Erfolge im Privatleben mehr. Wenn Sie sich um vertiefte Selbsterkenntnis bemühen, werden Sie allmählich auch erkennen, was Erfolg für Sie persönlich bedeutet. Darum sollten Sie sich dann intensiv bemühen, denn erfolgreiche Selbstverwirklichung im Einklang mit der eigenen Persönlichkeit gehört zu den wichtigen Voraussetzungen psychischer Gesundheit.

Erfolg im Beruf: für viele Menschen ein Teil der Selbstverwirklichung

Erfolg im Beruf kann sehr hohen Stellenwert besitzen, insbesondere für die Menschen, die sich bei der Arbeit noch selbst mit ihren vielfältigen Anlagen und Fähigkeiten einbringen können. Ihnen gibt der Erfolg im Beruf viel mehr als materielle Vorteile und soziales Ansehen – sie verwirklichen sich bei ihrer Arbeit. Heute streben die meisten Menschen berufliche Erfolge aus materiellen Gründen und/ oder für höheres soziales Ansehen an, im Grunde befriedigt ihre Arbeit sie nur wenig.

Motive für das Erfolgsstreben

Ehe Sie wirksame Suggestionen formulieren, um berufliche Erfolge zu programmieren, müssen Sie die Motive des Erfolgsstrebens erkennen. Im allgemeinen lassen sie sich zwischen den folgenden beiden Extremen einordnen:

- Uneingeschränkte Zufriedenheit und Freude im Beruf, der optimal der Persönlichkeit entspricht; deshalb wird ganz selbstverständlich die weitere erfolgreiche Karriere angestrebt.
- Ausgeprägte Unzufriedenheit mit der augenblicklichen beruflichen Situation, weil sie nicht der Selbstverwirklichung dient, ein negatives Betriebsklima herrscht oder soziale Konflikte mit Kollegen und/oder Vorgesetzten bestehen; dem versucht man dann, durch beruflichen Aufstieg zu entgehen.

Bei der ersten Motivation sind Autosuggestionen oft überflüssig, die Freude am Beruf genügt zur Leistungsmotivation und als Schutz vor Streßschäden. Selbsthypnose wird dann lediglich zur erholsamen Tiefentspannung genutzt. Oft kann man die Erfüllung im Beruf noch durch folgende Suggestion verbessern:

Arbeit, Beruf

**»Arbeit/Beruf macht Freude und gelingt gut –
ich arbeite mit Lust und Freude und schaffe alles.«**

Wenn man bei sehr hoher Motivation zu stark im Beruf aufgeht, kaum noch andere Interessen pflegt, kann dem durch folgende Suggestion begegnet werden:

»Ich erkenne und verwirkliche mich selbst – Beruf und Freizeit (oder: Familie, Freunde, Hobby und ähnliches) sind wichtig.«

Bestehen berufliche Probleme, fällt die Lösung auch durch Autosuggestion oft schwer. Man kann sich zum Beispiel vorstellen:

Berufliche Probleme

»Arbeit gelingt leicht ohne Mühe.«

Oder man verwendet die Indifferenzformel, um eine beruflich unbefriedigende Situation zu entschärfen, zum Beispiel mit der Vorstellung:

»Arbeit/Beruf ganz gleichgültig – ich arbeite leicht und gut.«

Soziale Konflikte am Arbeitsplatz können durch folgende Vorstellung entkräftet werden, wenn es nicht gelingt, sie befriedigend zu lösen:

Soziale Konflikte

»Ich arbeite gelassen, leicht und gut – setze mich durch mit kühlem, klarem Kopf.«

Besser hilft vielleicht eine positiv formulierte Vorstellung von den anderen:

»Ich arbeite leicht und gut, ruhig und gelassen – Kollegen/Chef sind doch ganz nett.«

Vielfach kann auch die **Indifferenzformel** die Situation am Arbeitsplatz entschärfen:

»Kollegen/Chef ganz gleichgültig – ich arbeite ruhig, leicht und gut.«

Dadurch gewinnt man wenigstens Distanz zu den sozialen Problemen im Betrieb, bewältigt die Arbeit leichter und kann danach rascher abschalten, um im privaten Lebensbereich einen Ausgleich zu suchen. Manchmal verändert man dank dieser Entlastung das eigene Verhalten derart, daß auch die anderen sich ändern und die Situation dauerhaft entschärft wird.

Mit Hilfe der Autosuggestionen in Trance können Sie praktisch alle Ziele vorprogrammieren, um optimale Erfolge zu erzielen.

Die einzige Vorbedingung besteht darin, daß die dazu notwendigen persönlichen Voraussetzungen vorhanden sind oder geschaffen werden können, also zum Beispiel Kenntnisse und Fähigkeiten. Dann aktiviert die Vorbereitung in Trance ungeahnte Kräfte, Energien und kreative Potentiale aus dem Unbewußten. Lassen Sie sich einfach einmal auf einen Versuch ein. Wenn er gelingt, werden Sie diese Lebenshilfe bald nicht mehr missen wollen.

Lebensfreude – positives Denken

Alle bisher vorgestellten Anwendungen der Autosuggestion in Trance tragen dazu bei, die Lebensfreude und Lebensqualität zu steigern und negativem Denken die Grundlagen zu entziehen. Wer sich selbst besser kennt und versteht, daraus mehr Selbstvertrauen und innere Sicherheit zur erfolgreichen Selbstverwirklichung gewinnt, neigt naturgemäß zu positiverem Denken. Auch Rückschläge und Krisen, die trotz Autosuggestion nie völlig auszuschließen sind, erschüttern die positive Grundeinstellung nicht. Schließlich steht mit der Selbsthypnose eine Technik zur Verfügung, mit deren Hilfe auch solche Probleme ertragen und schließlich befriedigend bewältigt werden.

Fördern Sie mit gezielten Autosuggestionen eine positive Grundeinstellung.

Darüber hinaus kann es aber angebracht sein, die **positive Grundeinstellung zum Leben** noch gezielt durch Autosuggestionen zu fördern. Das empfiehlt sich vor allem für die Menschen, die zu ausgeprägtem negativem Denken neigen. Dadurch verbauen sie sich von vornherein viele Gelegenheiten zu positiven Erfahrungen, denn ihre negativen Erwartungen bestätigen sich in einem Teufelskreis ständig selbst.

Um dem zu entgehen, sollten Sie sich zunächst einmal alles von der Seele schreiben, was das Leben so negativ erscheinen läßt. Gehen Sie dazu am besten wie folgt vor:

Vorgehen

- Überlegen Sie in aller Ruhe, was Ihr Leben scheinbar so negativ beeinflußt. Alle spontanen Einfälle notieren Sie, ohne kritisch darüber nachzudenken. Zunächst geht es nur um eine Art Bestandsaufnahme, bei der Sie sich selbst besser kennen und verstehen lernen sollen. Wenn dabei Gefühle wie Wut, Zorn, Enttäuschung auftauchen, lassen Sie diese einfach zu.

- Sobald Ihnen nichts mehr einfällt, legen Sie die Notizen für einige Tage zur Seite. Danach nehmen Sie die Aufzeichnungen wieder zur Hand und gehen Schritt für Schritt jeden Einfall durch. Überlegen Sie dabei, wie die einzelnen negativen Inhalte entstanden sind. Dabei tauchen oft Erinnerungen an Erlebnisse auf, die unangenehm, peinlich oder schmerzlich sein können. Diese Erinnerungen müssen Sie ebenfalls zulassen, nur so verstehen Sie die Wurzeln Ihrer negativen Haltungen. Manchmal fällt das so schwer, daß dabei fachliche Hilfe notwendig wird.
- Wenn Ihre Überlegungen zu den einzelnen Punkten abgeschlossen sind und Sie besser verstehen, was Sie so negativ prägte, legen Sie wiederum eine Pause von einigen Tagen ein. Dann nehmen Sie die Notizen erneut zur Hand und prüfen, welche Bedeutung die einzelnen Vorfälle heute überhaupt noch für Sie besitzen. Im allgemeinen erkennen Sie dabei, daß die meisten inzwischen jede praktische Bedeutung für Ihr Leben verloren haben; störend wirkt lediglich noch die Erinnerung daran oder der Einfluß aus dem Unbewußten. Und nicht selten werden Sie im Rückblick einsehen, daß manche Erfahrung, die tief erschütterte, später sogar eine günstige Entwicklung einleitete oder zumindest nicht die schwerwiegenden Folgen nach sich zog, die damals befürchtet wurden. Diese Einsichten müssen Sie sich völlig bewußt machen, darin steckt ein Schlüssel für die positivere neue Lebenseinstellung.

Sobald Sie an diesem Punkt angelangt sind, beginnt die positive Selbstbeeinflussung. Schritt für Schritt üben Sie nun das positive Denken ein. Dazu kommen unterschiedliche Suggestionen in Frage, das hängt von der persönlichen Lebenssituation ab. Als **Generalformel**, die das Seelenleben positiv umstimmt, kann man sich zum Beispiel vorstellen:

Positives Denken

»Ich lebe mit Lust und Freude – mein Leben ist schön und erfüllt.«

Diese Basisvorstellung wird durch andere Suggestionen ergänzt, die gezielt die negativen Inhalte und Erwartungen abbauen. Mit

Hilfe der Grundregeln der Autosuggestion (siehe Seite 92 ff.) werden Sie die individuell richtigen Vorstellungen, die das negative Denken überwinden, formulieren können. Dabei hilft Ihnen auch die oben beschriebene Analyse der Ursachen negativer Erwartungen und Haltungen; die damit gewonnenen Einsichten zeigen auf, gegen welche negativen psychischen Inhalte sich die Suggestionen richten sollen.

Tip

Wer nicht allzu negativ denkt, muß die obige gründliche Analyse der Ursachen nicht unbedingt durchführen. Dann kann es auch genügen, sofort mit der Autosuggestion in Trance zu beginnen. Die genannte Generalformel leitet dann oft bald eine positive Wende ein.

Im Lauf des Lebens gerät das positive Denken immer wieder in Gefahr. Jede negative Erfahrung, die unausbleiblich kommen wird, kann erneut negative Gedanken, Erwartungen und Einstellungen wecken. Aber wenn Sie mit Hilfe der Autosuggestionen gelernt haben, das negative Denken **umzupolen**, bleiben solche »Rückfälle« ohne Folgen; Sie können rasch zum positiven Denken zurückkehren. Allerdings setzt das regelmäßiges Training voraus.

Zum positiven Denken gehört auch noch der richtige Umgang mit Streß, Sorgen und Konflikten, den häufigsten Ursachen negativer Gedanken und Erwartungen (siehe Seite 127, 152).

Zwischenmenschliches Verhalten

Die positive Lebensgestaltung im Einklang mit sich selbst wirkt auch auf die zwischenmenschlichen Beziehungen, denn man verändert dadurch das Sozialverhalten. Insbesondere soziales Ansehen, der damit verbundene Einfluß auf andere und die Pflege sozialer Kontakte sprechen darauf günstig an.

Vertieftes Selbstbewußtsein, mehr Selbstvertrauen und innere Sicherheit, die durch Autosuggestion erarbeitet werden, können das **soziale Ansehen** nachhaltig erhöhen. Das beruht dann nicht auf bloßen Äußerlichkeiten, wie Beruf, Einkommen und Statussymbole, sondern auf der Ausstrahlung der Persönlichkeit. Deshalb gerät dieses Ansehen auch nicht so leicht ins Wanken wie der auf äußeren Umständen beruhende soziale Status. Die Mitwelt spürt instinktiv, daß das sichere, selbstbewußte Verhalten **echt** ist, mit der Persönlichkeit übereinstimmt, und respektiert es deshalb unabhängig von Äußerlichkeiten.

Spezielle Autosuggestionen sind dazu im allgemeinen nicht mehr erforderlich. Allenfalls kann man sich vielleicht bei Bedarf noch einprägen:

Soziales Ansehen

»Ich bin ich – andere nehmen mich an, so wie ich bin.«

Mit dem Ansehen nimmt naturgemäß auch der Einfluß zu, den man gewollt oder unwillkürlich auf andere ausübt. Das bedeutet hohe Verantwortung und Respekt vor der Persönlichkeit der Mitmenschen. Es wäre verwerflich (auf längere Sicht auch kaum möglich), anderen kraft des höheren Ansehens den eigenen Willen aufzwingen, sie für eigene Ziele manipulieren zu wollen.

Vorsicht

> Mißbrauchen Sie die Selbsthypnose niemals, um andere zu manipulieren; vorübergehend mögen Sie damit sogar Erfolge erzielen, auf Dauer aber werden Sie unweigerlich scheitern und dann Ihr soziales Ansehen wieder einbüßen.

Schließlich können Selbstvertrauen und Sicherheit auch genutzt werden, um gute soziale Beziehungen aufzubauen und zu pflegen. Die **Vereinsamung** gehört heute zu den größten sozialen Problemen. Manche Therapeuten sprechen bereits davon, daß wir uns zu einer **autistischen Gesellschaft** entwickeln, in der sich jeder nur noch um seine eigenen Bedürfnisse kümmert. Die Ursachen dieser bedenklichen Entwicklung sind vielschichtig, sie sollen hier nicht genauer analysiert werden. Entscheidend daran beteiligt ist unter anderem der tiefgreifende Wandel der Lebensbedingungen in der modernen Industriegesellschaft.

Die meisten Menschen, die unter ihrer sozialen Isolierung leiden, begehen einen Kardinalfehler: Sie gehen nicht aktiv auf andere zu, sondern warten passiv, bis die Mitwelt Kontakt mit ihnen aufnimmt. Das führt zu der paradoxen Situation, daß viele für soziale Beziehungen aufgeschlossen sind, sich danach sehnen, aber keiner den ersten Schritt unternimmt. So bleiben alle einsam, obwohl sie auf Kontakte warten.

Gehen Sie aktiv auf Ihre Mitmenschen zu – eine mögliche Zurückweisung ist kein Drama.

Ein Grund für dieses Verhalten besteht in der Angst vor Zurückweisung. Man weiß im voraus ja nicht genau, ob der andere an der Kontaktaufnahme interessiert ist, muß also das Risiko einer Ablehnung in Kauf nehmen. Nun ist es ganz selbstverständlich, daß nicht jeder, zu dem man selbst Kontakt sucht, diese Absicht teilt. Die Zurückweisung wäre also kein »Drama«, sondern eine normale Lebenserfahrung. Aber so können die meisten Menschen das nicht auffassen. Für sie bedeutet die Ablehnung des Kontaktangebots eine Art **Werturteil** über die eigene Persönlichkeit, das sie nicht verkraften können.

Hier setzt nun die Wirkung der Autosuggestionen ein. Wer durch Selbsterkenntnis mehr Selbstvertrauen, Selbstwertgefühl und innere Sicherheit gewonnen hat, wird durch eine mögliche Zurückweisung nicht zutiefst enttäuscht und verunsichert. Er kann sie einfach akzeptieren, weil er die Rechte der anderen respektiert. Kommt ein Kontakt nicht zustande, bricht für selbstsichere Menschen keine Welt zusammen, sie versuchen es dann eben bei anderen. Diese Einstellung kann noch durch gezielte Autosuggestionen verstärkt werden:

Kontaktverhalten

»Sicher und frei gehe ich auf andere zu – sie nehmen mich an.«

Dadurch beeinflußt man das eigene Verhalten so günstig, daß viele Kontaktversuche gelingen und die eine oder andere Ablehnung verkraftet wird. Versuchen Sie es einfach – Ihr Leben kann sich dadurch radikal ändern.

Mit der Aufnahme einer sozialen Beziehung ist es aber nicht getan. Sie muß mit Leben erfüllt, ständig gepflegt und vertieft werden, sonst bleibt sie unbefriedigend oberflächlich und schläft bald wieder ein. Grundvoraussetzung für die Pflege sozialer Kontakte bildet die **Toleranz** für die Eigenarten des Partners. Er muß ganzheitlich angenommen und respektiert werden, nur dann kann er sich für eine tiefere Beziehung öffnen. Diese Toleranz fällt leichter, wenn man selbst sicher in sich ruht und vom anderen ebenfalls ganzheitlich respektiert und toleriert wird. Autosuggestion kann die Bereitschaft zur Toleranz erhöhen:

Toleranz

»Freundschaft macht froh und glücklich – ich nehme Freunde (oder Namen einer Person) an, so wie sie sind.«

Ferner muß man in einer guten zwischenmenschlichen Beziehung bereit sein, sich mitzuteilen und für die Partner zu öffnen. Dabei hilft oft folgende Suggestion:

Öffnung

»Ich bin locker, offen und frei – bringe mich ein.«

Solche Suggestionen tragen dazu bei, die sozialen Beziehungen zu erhalten und zu vertiefen. Übrigens kommt es bei zwischenmenschlichen Kontakten nicht darauf an, möglichst viele Bekannte zu finden, mit denen man oberflächlich und unbefriedigend kommuniziert. Entscheidend ist die Qualität einer Beziehung. Ein guter Freund, mit dem eine aufrichtige, offene, von Respekt und Vertrauen getragene Beziehung besteht, ist wertvoller als ein Heer oberflächlicher Bekannter.

Konzentration und geistige Leistung

Gutes geistiges Leistungsvermögen und ausreichende Konzentration auf eine bestimmte Arbeit bilden die Grundbedingungen für eine erfolgreiche Selbstverwirklichung. Die **Konzentrationsfähigkeit** ist dabei besonders wichtig, denn konzentrierte Arbeit erleichtert und beschleunigt die Lösung von Aufgaben und Problemen. Ferner spielt die **Motivation** zur Leistung und das Vertrauen in die eigenen Fähigkeiten dabei eine große Rolle.

Alle diese Faktoren lassen sich durch Autosuggestion in Trance günstig beeinflussen. Die Formulierungen dazu richten sich nach den persönlichen Umständen. Eine allgemeine Steigerung der Leistungsfähigkeit und Motivation erzielt man zum Beispiel durch die Vorstellung:

Leistungsfähigkeit

»Arbeit gelingt leicht und gut – ich schaffe alles, erreiche mein Ziel.«

Die allgemeine Formulierung »... schaffe alles, erreiche mein Ziel« kann durch die Angabe konkreter Ziele ersetzt werden. Leistungshindernisse durch Mangel an Selbstvertrauen und innerer Sicherheit kann folgende Vorstellung überwinden:

»Ich arbeite leicht und gut mit Kraft und Freude – vertraue auf mich.«

Zusätzlich empfiehlt es sich meist, die Konzentrationsfähigkeit zu steigern. Dazu kommt zum Beispiel die Vorstellung in Frage:

Konzentration

»Ich arbeite gesammelt und aufmerksam – Gedanken fließen leicht.«

Überdies sollte oft noch das Gedächtnis verbessert werden, das ebenfalls wichtig für die Leistungsfähigkeit ist. Folgende Formulierung kann dabei helfen:

Gedächtnis

»Gedächtnis behält alles – ich erinnere mich jederzeit.«

Die verschiedenen Vorstellungen werden nach Bedarf miteinander kombiniert, damit man Leistungsdefizite umfassend beeinflußt. Die Wirkung tritt oft bald ein, aber Sie sollten trotzdem noch einige Zeit weiter trainieren. Im Lauf des Lebens sollten Sie zwischendurch immer wieder einmal trainieren.

Kreatives Streßmanagement

Mit dem Begriff **Streß** verbinden die meisten Menschen durchweg negative Vorstellungen. Andererseits gehört es heute fast schon zum »guten Ton«, über den Streß zu klagen, etwa nach dem Motto: Wer keinen Streß hat, mit dem kann ja nicht viel los sein. Deshalb fällt es auch vielen Menschen sehr schwer, überflüssigen Streß konsequent abzubauen, damit befürchteten sie einen Verlust an persönlicher Bedeutung.

Nun trifft es zweifellos zu, daß Streß zum wichtigen Krankheitsfaktor werden, ja sogar zum Tod (man denke an Herzinfarkt) führen kann. Deshalb darf man ihn aber nicht pauschal verteufeln. Ein gewisses Maß an Streß ist lebenswichtig, ein Leben ganz ohne Streß wäre selbst ein extremer Streßfaktor. Nur Streß erhält und trainiert unsere Leistungsfähigkeit, motiviert immer wieder zu neuer Anstrengung, aktiviert ungeahnte Kräfte, Energien und Kreativität, gibt dem Leben Sinn und Erfüllung.

Wichtig

Es kann also nie darum gehen, jeglichen Streß zu vermeiden (was praktisch ohnehin nicht gelingt), sondern ihn auf das notwendige Maß zu reduzieren und schädliche Streßreaktionen zu dämpfen. Unter dieser Voraussetzung wird der Streß zum wahren »Lebenselixier«.

Eine wichtige Hilfe gegen zu hohen Streß und überschießende Streßreaktionen bietet regelmäßige Tiefentspannung in Trance. Wer durch konsequentes Training in der Lage ist, bei Bedarf rasch auf Entspannung umzuschalten, kann so die körperlichen und seelisch-geistigen Streßreaktionen indirekt kontrollieren und behält auch in schwierigen Situationen einen klaren Kopf. Die durch Streß aktivierten Energien können dann wohlüberlegt genutzt werden, um die Streßsituation leichter, rascher und kreativ zu bewältigen. Gewöhnen Sie sich deshalb das regelmäßige Entspannungstraining in Trance an, es bildet ein »Bollwerk« gegen die zahlreichen Belastungen, denen wir im Alltag immer wieder ausgesetzt sind.

Zusätzlich können gezielt Autosuggestionen eingeprägt werden, um den Streß zu bewältigen, nicht von ihm überwältigt zu werden. Gut bewährt sich zum Beispiel die Vorstellung:

Streßbewältigung

»An jedem Ort, zu jeder Zeit – Ruhe und Gelassenheit.«

Dadurch werden überschießende Streßreaktionen meist zuverlässig verhindert. Vielleicht hilft aber die folgende Vorstellung besser:

Streßmanagement

»Immer und überall ruhig und gelassen – Kopf kühl und klar.«

Man muß zunächst ausprobieren, welche Vorstellung persönlich am besten wirkt, und dann dabei bleiben. Wenn Sie sich trotzdem unter hohem Streß einmal übermäßig angespannt und erregt fühlen, kann die folgende Formulierung angezeigt sein:

»Ich werde und bleibe ruhig und gelassen – Kopf kühl und klar, ich entspanne (oder löse) mich vollkommen.«

Auch ein Versuch mit der **Indifferenzformel** kann sinnvoll sein, um streßreiche Situationen zu entschärfen:

»Streß (oder Ärger, Aufregung und ähnliches) vollkommen gleichgültig, Kopf kühl und klar – ich bin und bleibe ruhig und gelassen.«

Mit solchen Vorstellungen läßt sich jeder berufliche und private Streß zufriedenstellend bewältigen. Selbst hohe negative Belastungen führen dann nicht zu schädlich überschießenden Reaktionen, die aktivierten Kräfte und Energien können zum zweckmäßigen Streßmanagement eingesetzt werden. Dabei verbraucht man sie sinnvoll, sie verursachen also keinen Schaden (Streß-Krankheiten) mehr.

Materielle Sicherheit

Das Streben nach materiellem Besitz ist vielen Menschen ein wenig »peinlich«, sie schämen sich fast dafür und reden ungern darüber. Bis zu einem bestimmten Grad steht dieses Bedürfnis aber in Beziehung mit dem Selbsterhaltungstrieb. In unserer Gesellschaft benötigt man nun einmal Geld, um die lebensnotwendigen Bedürfnisse zu befriedigen. Darüber hinaus bietet materieller Besitz auch mehr Sicherheit und Unabhängigkeit, die gleichfalls zu den natürlichen menschlichen Bedürfnissen gehören. Kritisch wird das Besitzstreben erst, wenn es das Leben dominiert und daneben alle anderen Werte vernachlässigt werden. Dann verarmt man seelisch-geistig und findet trotz des Wohlstands nicht zum erfüllten Leben.

Wichtig

Bleiben Sie sich stets bewußt, daß Geld und andere Besitztümer an sich keine echten Werte darstellen. Entscheidend kommt es darauf an, wie man sie nutzt, um das Leben im Einklang mit sich selbst zu gestalten. Wer das beachtet, muß sich nicht für sein natürliches Streben nach Wohlstand und den damit verbundenen Vorteilen und Möglichkeiten schämen.

Selbsthypnose kann durch geeignete Suggestionen dazu beitragen, den Besitz zu mehren und sinnvoll zu gebrauchen. Die Selbstbeeinflussung dazu soll immer aus 2 Komponenten bestehen:

1. Einprägung von Strategien, die den Wohlstand mehren können;
2. Entwicklung positiver Vorstellungen, nach denen der Wohlstand sinnvoll im Einklang mit der eigenen Persönlichkeit genutzt wird.

Die erste Aufgabe erfüllt zum Beispiel die nachstehende allgemeine Suggestion:

Wohlstand

»Ich erkenne und nutze meine Chancen – mein Wohlstand mehrt sich.«

Diese Vorstellung trägt dazu bei, daß zum Beispiel günstige geschäftliche Gelegenheiten erkannt und genutzt werden, um den Besitz zu vermehren. Vielleicht gefällt Ihnen aber auch die folgende Formel besser:

»Ich werde reich (oder wohlhabend) – nichts und niemand verhindert das.«

Dadurch werden auch mögliche Hindernisse auf dem Weg zu mehr Wohlstand leichter überwunden. Anschließend muß man durch weitere Suggestionen dafür sorgen, daß der Besitz das Leben bereichert, nicht zum Selbstzweck wird. Dazu können Sie beispielsweise die folgende Formulierung verwenden:

»Wohlstand macht frei und unabhängig –
ich lebe im Einklang mit mir selbst glücklich und zufrieden.«

Wohlstand zur Lebensgestaltung

Diese allgemeine Vorstellung läßt alle Möglichkeit offen, die der Besitz bietet, betont aber, daß er zur sinnvollen Gestaltung des Lebens eingesetzt werden muß. Natürlich können Sie hier auch spezielle Bedürfnisse, Wünsche und Ziele einfügen, die durch Wohlstand begünstigt werden.

Wenn Sie bemerken, daß sich Ihr Leben, die Interessen und Bestrebungen immer mehr auf den Besitz konzentrieren, müssen Sie dem frühzeitig entgegensteuern, damit das Leben nicht trotz (wegen) des Wohlstands verarmt. Den richtigen Mittelweg findet man oft mit Hilfe der **Indifferenzformel:**

»Wohlstand (oder Besitz, Geld) ganz gleichgültig –
ich lebe frei und glücklich, mein Wohlstand mehrt sich.«

Besitzstreben

Dadurch verhindert man die Beschränkung auf das Besitzstreben, ohne es ganz aufzugeben. Schließlich wollen Sie ja wahrscheinlich nicht ganz auf die materielle Sicherheit verzichten, die ein Leben ohne finanzielle Sorgen ermöglicht.

Wieviel Besitz notwendig ist, um persönliches Glück und Unabhängigkeit zu begünstigen, hängt von verschiedenen individuellen Faktoren ab. Mancher lebt schon zufrieden und sorglos, wenn er seine täglichen Grundbedürfnisse befriedigen kann. Die meisten Menschen streben aber nach ausreichend Besitz, um die materielle Basis ihres Lebens gut abzusichern. Damit lassen die Risiken des Lebens sich zwar nicht ausschalten, aber wenigstens die materiellen Folgen mildern.

Überlegen Sie sorgfältig, wie groß Ihr individuelles Bedürfnis nach materieller Sicherheit ist. Vielleicht genügt es Ihnen, wenn

Sie einige Monatsgehälter ansparen können. Sie müssen sich aber auch nicht als »krasser Materialist« schämen, wenn Sie sich neben höheren Barrücklagen auch noch eine Immobilie und andere Besitztümer wünschen. Vertrauen Sie dabei den Gefühlen, die aus dem Unbewußten auftauchen, dann finden Sie die persönlich richtigen Suggestionen und Einstellungen zum Besitz.

Abbau suchtartiger Gewohnheiten

Die verschiedenen Suchtformen greifen heute in allen westlichen Industrienationen erschreckend um sich. Neben der klassischen Suchtkrankheit Alkoholismus tauchen seit einiger Zeit verschiedene andere Suchtarten auf, im Vordergrund der Arzneimittelmißbrauch und suchtartige Eßstörungen, ferner zum Beispiel noch Kauf- oder Spielsucht. Nach neuen Erkenntnissen steht inzwischen auch weitgehend fest, daß Rauchen zu den Suchtkrankheiten gehört.

Es führte zu weit, hier die Ursachen der wachsenden Suchtproblematik genauer zu analysieren. Eine der Wurzeln ist in den tiefgreifend veränderten Lebensbedingungen und Lebenseinstellungen in der modernen Industriegesellschaft zu suchen. Die Menschen wurden nicht glücklicher durch bessere soziale Absicherung, Massenwohlstand, immer mehr Freizeit und Freiheit. Vielmehr erzeugt die heutige Lebenssituation offenbar bei den meisten Menschen Defizite, die häufig durch Mißbrauch von Suchtmitteln ausgeglichen und ertragen werden sollen.

Beachten Sie

Hinter jeder Sucht steckt eine Sehnsucht, die bei den heutigen Lebensbedingungen nicht mehr befriedigt werden kann.

Die Grundursachen der Suchtproblematik lassen sich deshalb nur durch sozialen Wandel überwinden, der zur Zeit aber noch nicht in Sicht ist. Daran scheitern auch die vielen groß angelegten Kampagnen offizieller Stellen gegen Alkohol-, Arzneimittel-, Drogen- und Nikotinmißbrauch, die lediglich über Risiken aufklären, aber nicht die sozialen Defizite beseitigen können.

Wichtig

Selbsthypnose mit Autosuggestionen gegen die Sucht wirkt bei den einzelnen Suchtformen unterschiedlich gut. Die besten Ergebnisse erzielt man im Vorfeld der Sucht.
Wenn bereits eine **echte** Sucht besteht, kann Selbstbeeinflussung oft nicht ausreichend helfen, wohl aber die Fremdhypnose durch den Therapeuten. Erst nach erfolgreicher psychischer Entwöhnung und bei Bedarf körperlicher Entgiftung kommt Selbsthypnose zur Nachbehandlung in Frage, um Rückfällen vorzubeugen.

Am besten wirkt die Autosuggestion meist bei der **Raucherentwöhnung**, weil Rauchen vielleicht keine »harte« Suchtkrankheit darstellt. Deshalb benötigt man zur Entwöhnung auch keine regelrechte Entziehungskur, sondern kann sie selbständig versuchen. Gut eignet sich dazu oft eine Formulierung, die aus der **Indifferenzformel** und positiven Vorstellungen vom Leben ohne Rauchen besteht:

»Rauchen vollkommen gleichgültig – ohne Rauchen fühle ich mich ruhig und gelassen, sicher, frei und sehr wohl.«

Sobald man mit dieser Suggestion beginnt, wird das Rauchen eingestellt. Nach praktischer Erfahrung hilft das meist besser als der halbherzige Versuch, die tägliche »Dosis« allmählich zu reduzieren. Wenn in den ersten Tagen nach dem Verzicht allgemeines Unbehagen, Gereiztheit und ähnliche Entzugserscheinungen auftreten, wendet man dagegen je nach Einzelfall individuelle Suggestionen an. Dadurch verschwinden die Beschwerden bald oder werden von vornherein vermieden.

Selbsthypnose wirkt vor allem bei der Raucherentwöhnung.

Falls die psychischen Ursachen des Rauchens nicht ausreichend auf die Suggestionen ansprechen, kann fachliche Unterstützung angezeigt sein. Oft reichen die Motive des Rauchens nämlich weit in die Kindheit zurück (zum Beispiel Frustrationen durch zu frühe Entwöhnung) und können dann nur schwer wieder bewußt gemacht und verarbeitet werden. Außerdem ist fachliche Hilfe zum Teil erforderlich, um die körperlichen Folgen des Rauchens (etwa chronische Bronchitis) gezielt zu behandeln.

Die Selbsthypnose gegen das Rauchen darf nicht zu früh unterbrochen werden, sonst kommt es leicht zum Rückfall. Einige Monate lang muß man die Suggestionen schon regelmäßig anwenden, um alle Motive zum Rauchen so gut wie möglich zu beseitigen. Drohen später einmal Rückfälle, beginnt man sofort wieder mit der Autosuggestion.

Bei Alkoholkranken muß zuerst die körperliche Entgiftung und psychische Entwöhnung stattfinden.

Schwerer fällt die Selbsthilfe durch Autosuggestionen beim echten **Alkoholismus**, bei Arzneimittelsucht und bei suchtartigen Eßstörungen wie Magersucht (Anorexie) oder Eß-Brech-Sucht (Bulimie). Diese Suchtkrankheiten sprechen zwar auch auf Autosuggestionen an; diese sollten aber unbedingt nach fachlicher Anleitung durch den Therapeuten verwendet werden. Deshalb muß hier nicht weiter darauf eingegangen werden.

Bei Drogensucht hilft die Selbsthypnose praktisch nie, diese schwere körperlich-seelische Krankheit kann nur durch fachlichen Entzug und längere Nachbehandlung geheilt werden.

Ergänzende Therapie körperlicher Krankheiten

Autosuggestionen aktivieren das Immunsystem

Die umfassende Wirkung der Autosuggestionen auf zahlreiche körperliche Funktionen wurde bereits bei der täglichen Gesundheitspflege beschrieben. Besonders wichtig ist dabei die Aktivierung des **Immunsystems** mit seinen Abwehr- und Selbstheilungsregulationen, die sich praktisch gegen alle körperlichen Störungen richten. Grundsätzlich kann die Selbsthypnose deshalb (mit allen Vorbehalten gegen diesen Begriff) als Allheilmittel bezeichnet werden. Das bedeutet freilich nicht, daß allein damit jede Krankheit geheilt werden könnte. Aber es gelingt fast immer, durch geeignete Autosuggestion die anderen therapeutischen Maßnahmen wirksam zu ergänzen.

Möglichkeiten und Grenzen

Ob banale Erkältung, chronischer Gelenkrheumatismus oder eine lebensbedrohliche Krebskrankheit, die Autosuggestion kann praktisch immer angewendet werden. Sie wirkt in zweifacher Weise, wenn die Vorstellungen entsprechend formuliert wurden:

Wirkung der Autosuggestion

1. Linderung der Symptomatik, vor allem Schmerzen, durch gezielte Suggestionen; dadurch können Arzneimittel, die Symptome unterdrücken, geringer dosiert oder sogar entbehrlich werden, das Risiko von Nebenwirkungen verringert sich.
2. Aktivierung körperlicher und seelisch-geistiger Abwehr- und Selbstheilungsregulationen, damit der aktive Kampf gegen die Krankheit aufgenommen und ihre Ursache schließlich überwunden wird; auf dieser Basis können dann die zusätzlich verabreichten Medikamente besser und schneller wirken.

Diese beiden Möglichkeiten der Selbsthypnose können Sie praktisch bei jeder Krankheit nutzen. Ob das immer notwendig ist, muß im Einzelfall beurteilt werden. Bei einer banalen Erkrankung, die auch von selbst bald ausheilt, mag der »Aufwand« der Autosuggestion unangemessen erscheinen. Ihre Domäne sind vor allem die schweren chronischen Krankheiten, bei denen die übliche Therapie allein nur noch unzulänglich hilft. In solchen Fällen kann Autosuggestion den Durchbruch zur anhaltenden Besserung oder gar Heilung bewirken.

Grenzen der Selbsthypnose gibt es praktisch nicht. Wenn die bei der täglichen Gesundheitspflege genannten Vorsichtsmaßnahmen (siehe Seite 110) für die Selbsthilfe beachtet werden, besteht kein Risiko der ergänzenden Therapie durch Autosuggestionen. Man kann sie also immer probeweise durchführen – allerdings gibt es keine Garantie für den Erfolg. Manche Krankheiten, insbesondere degenerative und weit fortgeschrittene, können auch durch Aktivierung des Immunsystems nicht mehr beeinflußt werden. Das erkennt man jedoch erst dann, wenn die Autosuggestion versucht wurde.

Besserung oder gar Heilung schwerster Krankheiten durch die Macht positiver Vorstellungen – das erscheint vielen Schulmedizinern immer noch unmöglich und suspekt. Lassen Sie sich von solchen Vorurteilen nicht beirren, die meist auf Unkenntnis und einer gewissen Expertenarroganz beruhen. Wenn Sie davon überzeugt sind, daß Selbsthypnose helfen kann, sollten Sie die Behandlung unbeirrt anwenden.

Heilanzeigen der Selbsthypnose

Da die Autosuggestionen umfassend wirken, fällt es schwer, hier einige Heilanzeigen anzugeben. Es sei nochmals wiederholt, daß ein Versuch mit Selbsthypnose praktisch bei jeder Krankheit angezeigt ist, um andere Heilverfahren zu ergänzen. Aber es gibt einige Gesundheitsstörungen, die auf Autosuggestion oft **besonders gut** ansprechen. Diese sollen hier angeführt werden.

Schmerzzustände gehören zu den wichtigsten Anwendungsgebieten der Selbsthypnose. Durch geeignete Vorstellungen lassen sich alle Schmerzen unabhängig von der Ursache meist günstig beeinflussen – oft so gut, daß zusätzliche Medikamente überflüssig sind.

Wichtig

Schmerzen sind Warnzeichen und dürfen erst dann unterdrückt werden, wenn ihre Ursachen genau diagnostiziert sind oder offensichtlich eine banale Ursache (wie Streßkopfschmerzen, Muskelschmerzen nach Überanstrengung) vorliegt.
Deshalb dürfen Sie mit der schmerzlindernden Autosuggestion erst beginnen, wenn die Krankheit zuverlässig festgestellt wurde und unabhängig vom Schmerz gezielt behandelt wird.

Die Suggestionen gegen Schmerzen formuliert man individuell, jeweils abhängig vom Sitz der Schmerzen und der persönlichen Schmerzempfindung. Grundsätzlich gilt dazu:

- Oberflächliche Schmerzen (wie Kopf-, Nerven-, Zahnschmerz) sprechen meist auf die Vorstellung von Kühle (nie Kälte) im Schmerzgebiet am besten an.
- Tiefer sitzende Schmerzen (zum Beispiel Rheumatismus, Gallen-, Nierenkoliken) werden im allgemeinen durch die Vorstellung von Wärme besser gelindert.

Außerdem kann bei allen Schmerzzuständen die Indifferenzformel helfen, also »Schmerz vollkommen gleichgültig«. Sie wird allein verwendet oder mit einer anderen Vorstellung kombiniert.

Beispiele

Kopfschmerzen/Migräne:
»Ich bin ruhig und gelassen – Kopf angenehm klar und kühl.«

Zahnschmerzen:
»Oberkiefer (oder Unterkiefer) angenehm kühl – Schmerz völlig gleichgültig.«

Rheumatische Gelenkbeschwerden:
»Gelenke (oder betroffenes Gelenk nennen) wohltuend strömend warm – Schmerz vollkommen gleichgültig.«

Darm-, Gallen- und Nierenkoliken:
»Leib (oder Bauch, Gallen-, Nierengegend) wohlig strömend warm – Schmerz ganz gleichgültig.«

In diesem Sinne können alle Schmerzen gut durch Autosuggestionen beeinflußt werden. Bleiben Sie sich aber stets bewußt: Die Beseitigung von Schmerzen bedeutet keine Heilung! Bei unklaren Beschwerden muß unbedingt fachlich untersucht werden, auch wenn die Schmerzen auf Autosuggestionen gut ansprechen. Nur so vermeiden Sie, daß eine ernstere Krankheit verschleiert und unnötig verschleppt wird.

Als weitere Heilanzeigen der Selbsthypnose seien aus praktischer Erfahrung noch empfohlen:

- Funktionelle Herzbeschwerden mit Mißempfindungen in der Herzgegend, Herzangst, Herzrhythmusstörungen, Vorbeugung und Nachbehandlung des Herzinfarkts, niedriger oder zu hoher Blutdruck.
- Störungen der Atemfunktionen, vor allem hektisch-nervöse Kurzatmung und Bronchialasthma, bei dem seelisch-nervöse Einflüsse bestehen.

- Erkrankungen der Verdauungsorgane mit Blähungen, Durchfall, Darmträgheit, Erbrechen, chronische Magen- und Darmentzündungen, Magen- und Zwölffingerdarmgeschwüre sowie Soforthilfe bei akuter Gallenkolik.
- Störungen im Bereich der Harn- und Geschlechtsorgane, zum Beispiel nervöse Reizblase, Bettnässen, Nierenkoliken sowie Beschwerden vor und während der Monatsblutung.
- Rheumatische Krankheiten der Muskeln, Gelenke und/oder Nerven.
- Verschiedene Hautleiden, insbesondere Akne, Ausschläge, Entzündungen, Ekzeme, Neurodermitis, Schuppenflechte und Juckreiz unklarer Ursache.
- Hormonelle Funktionsstörungen, insbesondere Über- oder Unterfunktion der Schilddrüse.
- Allergische Krankheiten, neben Asthma, Hautausschlägen und Ekzemen vor allem noch allergische Magen-Darm-Reaktionen, Heuschnupfen und Nesselsucht.

Psychische und psychosomatische Störungen

Zu den wichtigsten Anwendungsgebieten der Selbsthypnose gehören natürlich auch die zahlreichen psychisch-nervösen und psychosomatischen Störungen, die heute in den Industrieländern weit verbreitet sind. Hier kann durch entsprechende Autosuggestionen oft rasch geholfen werden, denn sie wirken unmittelbar auf die gestörten Vorgänge ein. Allerdings kann es auch Monate oder gar Jahre dauern, ehe psychische Probleme mit Selbsthypnose überwunden werden. Tief in der Persönlichkeit verwurzelte Störungen lassen sich eben nicht einfach durch einige Suggestionen beseitigen; dazu bedarf es der Entwicklung und Reifung der Persönlichkeit, die nur bei regelmäßigem Training über längere Zeit erzielt wird.

Nicht angezeigt sind Autosuggestionen bei den psychischen Störungen, die das Seelenleben derart beherrschen, daß überhaupt keine positiven Vorstellungen mehr entwickelt werden können und/oder die Motivation dazu fehlt. In solchen Fällen kann allenfalls die fachliche Fremdhypnose angezeigt sein.

Nervosität – innere Anspannung

Körperliche und psychische Symptome von Nervosität

Der Sammelbegriff **Nervosität** faßt unterschiedliche Beschwerden zusammen, an denen heute zahlreiche Menschen leiden. Als Grundlage besteht eine Fehlfunktion des vom Willen unabhängig (autonom) arbeitenden vegetativen Nervensystems. Das harmonische Zusammenspiel seiner beiden Anteile Sympathikus und Parasympathikus ist derart gestört, daß verschiedene körperliche und psychische Symptome auftreten. Dazu gehören vor allem:

- Allgemeine Unruhe, innere Anspannung, Überempfindlichkeit, Gereiztheit und Neigung zur Aggressivität.
- Schwankungen der Stimmungslage zwischen Depressionen und euphorischen Zuständen, ohne daß äußere Anlässe erkennbar wären.
- Auffällige Empfindlichkeit gegen Witterungseinflüsse, vor allem Wechsel der Wetterlage, Gewitterfronten und Föhn.
- Abnorme Ermüdung bis hin zur ausgeprägten nervösen Erschöpfung, die sich nicht aus tatsächlicher Leistung erklärt.
- Unterschiedliche Schlafstörungen, insbesondere behindertes Einschlafen, aber auch nächtliches Erwachen, nach dem man nur schwer wieder in den Schlaf findet.
- Nervöses Schwitzen, Zittern und Zucken einzelner Muskelpartien und/oder der Augenlider.
- Funktionelle Störungen innerer Organe, für die keine krankhaften Ursachen diagnostiziert werden können, insbesondere am Herz-Kreislauf- und Verdauungssystem.

Die Nervosität bietet also ein buntes, unklares Symptomenbild, das vorsorglich immer durch gründliche Untersuchung abgeklärt werden soll, damit keine mögliche organische Krankheit übersehen und verschleppt wird. Nicht alle oben genannten Beschwerden müssen gleichzeitig auftreten, das kann im Lauf der Zeit immer wieder wechseln. Bei manchen Betroffenen stehen die seelisch-nervösen Symptome im Vordergrund, bei anderen die körperlichen Beschwerden.

Die Ursachen der Nervosität lassen sich häufig nicht genau feststellen. Bei einigen (vor allem sensiblen) Menschen besteht eine

anlagebedingte Nervenschwäche, die zwar gebessert, aber nicht völlig beseitigt werden kann. Bei anderen erklärt sich die Nervosität aus seelischen Einflüssen, zum Beispiel verdrängte Frustrationen, Konflikte, Sorgen und Probleme des Alltags. Auch verschiedene körperliche Krankheiten gehen mit Nervosität einher, zum Beispiel Herz-Kreislauf-Störungen und Infektionskrankheiten.

Nicht zuletzt muß man an Mangelkrankheiten infolge falscher Ernährung denken, insbesondere Mangel an B-Vitaminen und Magnesium.

Ist die Nervosität anlagebedingt, kann die Selbsthypnose ein hervorragendes Hilfsmittel sein.

Bei körperlichen Ursachen kann Autosuggestion allein die Nervosität natürlich nicht beseitigen. In erster Linie richtet sich die fachliche Therapie dann gegen die körperlichen Störungen, Selbsthypnose kann diese Behandlung ergänzen.

Bei psychischen Ursachen und anlagebedingter Nervenschwäche dagegen gehört die Autosuggestion zu den wichtigsten Hilfen gegen Nervosität. Allein schon die regelmäßige tiefe Entspannung, die beim Training immer besser erreicht wird, kann die Funktionen des vegetativen Nervensystems allmählich gut harmonisieren. Genügt das nicht, werden zusätzlich gezielte Suggestionen gegen die Nervosität angewendet. Als Generalformel bewährt sich oft gut die Vorstellung:

Nervosität

»An jedem Ort, zu jeder Zeit: Ruhe und Gelassenheit.«

Variationen dieser Formulierung sind möglich:

»Ich bin ruhig, gelassen und sicher – Kopf bleibt kühl und klar.«

Probieren Sie aus, welche Formulierungen Ihnen am besten gefallen, und verwenden Sie diese dann zum regelmäßigen Training.

Wenn die Nervosität mit stärkerer Unruhe, Gereiztheit und Stimmungsschwankungen einhergeht, kann zum Beispiel die folgende Vorstellung gezielter wirken:

Gereiztheit

»Ruhe und Gelassenheit – ich bin ausgeglichen und froh, Stimmungen (oder Launen) vollkommen gleichgültig.«

Bestehen auch funktionelle körperliche Beschwerden, ergänzt man die Suggestionen durch gezielt auf den Körper wirkende Formulierungen. Sie richten sich nach dem jeweils betroffenen Organsystem.

Beispiele

Störungen der Herz-Kreislauf-Funktionen:
»Herz schlägt ruhig, gelassen und regelmäßig.«

Kurzatmung/nervöse Atemstörungen:
»Atmung ruhig, gelassen, locker und tief.«

Funktionsstörungen der Verdauungsorgane:
»Magen und Darm arbeiten ruhig, locker und frei – Nahrung wird gut verdaut.«

Nervöses Schwitzen am ganzen Körper kann allmählich durch die **Indifferenzformel** gebessert werden:

Schwitzen

»Schwitzen vollkommen gleichgültig – ich bin ruhig und gelassen.«

Schwitzt man nur an einzelnen Körperpartien vermehrt, werden diese bei der Suggestion gezielt angesprochen:

»Hände (oder Füße, Achseln etc.) kühl und trocken – immer und überall Ruhe und Gelassenheit.«

Nach diesen Beispielen können Sie sinngemäß auch alle anderen Symptome der Nervosität gezielt beeinflussen. Oft genügt aber die **Generalformel**, die das gesamte vegetative Nervensystem allmählich harmonisiert (siehe Seite 122). Allerdings wird es auch durch intensive längere Selbsthypnose nicht immer gelingen, die Nervosität vollständig zu beseitigen. Insbesondere die anlagebedingte Nervenschwäche kann meist nur gemildert, nicht ganz überwunden werden.

Beachten sie

Die erhöhte Reizbarkeit des Nervensystems kann der »Preis« für Sensibilität sein. Sie sprechen stärker als andere auf Reize an und müssen deshalb mit einer gewissen Nervosität leben. Dafür führen Sie das Leben mit all seinen Höhen und Tiefen aber auch intensiver als andere. Versuchen Sie nie, diese individuelle Besonderheit zu unterdrücken, das beeinträchtigt nur die Selbstverwirklichung und könnte die innere Anspannung steigern.

Schlafstörungen

Fast jeder Mensch leidet ab und zu an Schlafstörungen, weil ihn zum Beispiel die Sorgen und Probleme des Alltags nicht loslassen. Der eine kann lange nicht einschlafen, der andere erwacht in der Nacht und findet nur schwer wieder in den Schlaf oder wacht morgens viel zu früh auf. Solche Störungen bleiben unbedenklich, wenn sie nur gelegentlich einmal auftreten. Der versäumte Schlaf wird in den folgenden Nächten nachgeholt, es entsteht kein dauerndes Schlafdefizit.

Selbsthypnose fördert durch die tiefe Entspannung einen gesunden Schlaf.

Wer Selbsthypnose regelmäßig übt, kann gelegentliche Schlafstörungen meist sofort beheben, indem er auf tiefe Ruhe und Entspannung umschaltet. Ungeübten dagegen hilft die Autosuggestion in der Regel nicht sofort, sie beherrschen die Technik nicht gut genug. Manchmal gelingt es allerdings bereits beim ersten Versuch mit der Selbsthypnose, akute Schlafstörungen zu beseitigen. Das hängt von den individuellen Reaktionen ab und sollte immer erprobt werden, ehe man vielleicht zur Schlaftablette greift.

Problematisch werden die Schlafstörungen, wenn sie häufiger auftreten oder gar dauernd bestehen. Daran leidet bei uns etwa ein Drittel der Bevölkerung, nach dem 60. Lebensjahr sogar jeder zweite. Schon bald entsteht dadurch ein erhebliches **Schlafdefizit** mit zunehmender Leistungsschwäche und schließlich auch

Bei Schlafstörungen unterstützen natürliche Mittel wie Baldrian und Hopfen die Kraft der Autosuggestionen.

körperlichen Funktionsstörungen. Hinzu kommen verschiedene psychische Reaktionen, zum Beispiel Gereiztheit, depressive Verstimmungen, ja sogar Psychose-artige Sinnestäuschungen und Wahnzustände; dabei spielt vor allem der **Traumschlafmangel** eine wichtige Rolle. Im Extremfall kann dauernder Schlafmangel mit tödlicher Erschöpfung enden.

Mit häufigeren oder chronischen Schlafstörungen dürfen Sie sich nie abfinden. Zwar wird der Körper in der Regel das lebenswichtige Minimum von etwa 4 Stunden Schlaf in 24 Stunden erzwingen (teils durch häufigen Sekundenschlaf am Tag), aber das genügt den meisten Menschen nicht zur ausreichenden Erholung.

Im Durchschnitt benötigen wir 7 bis 9 Stunden Schlaf in 24 Stunden; nur wenige kommen mit 5 bis 6 Stunden aus, manche schlafen 10 Stunden oder länger.

Sie müssen selbst ermitteln, wie hoch Ihr individuelles tägliches Schlafbedürfnis liegt. Probieren Sie unterschiedlich lange Schlafzeiten aus und achten Sie am Morgen darauf, wie gut Sie sich erholt haben. Die Schlafdauer, nach der Sie frisch und munter erwachen, entspricht Ihrem persönlichen Schlafbedarf. Versuchen Sie, diesen möglichst jeden Tag zu befriedigen.

Bei häufigen oder chronischen Schlafstörungen muß zunächst versucht werden, die Ursachen zu diagnostizieren. Körperliche Krankheiten sind möglich, vor allem im Alter, deshalb empfiehlt sich immer die gründliche fachliche Untersuchung.

Zu denken ist besonders an Schmerzen, Fieber, arteriosklerotische Durchblutungsstörungen des Gehirns, zu hohen oder niedrigen Blutdruck, manchmal auch Magen-Darm-Störungen. Solche krankhaften Ursachen müssen gezielt behandelt werden, dann bessert sich auch der Schlaf wieder. Autosuggestionen können diese Therapie unterstützen.

Schlafstörungen haben meist seelisch-nervöse Ursachen; seltener sind körperliche Krankheiten oder äußere Störungen dafür verantwortlich.

Die Mehrzahl der Schlafstörungen erklärt sich allerdings aus seelisch-nervösen Ursachen, die häufig in enger Beziehung mit den Lebensbedingungen in der modernen Industriegesellschaft stehen. An erster Stelle sind Streß, Hektik und Reizüberflutung des Alltags zu nennen, von denen man beim Zubettgehen nicht einfach auf Ruhe und Entspannung umschalten kann. Aber selbst wenn das Einschlafen gelingt, wirken solche Faktoren oft im Schlaf fort und können zu nächtlichem Erwachen, verminderter Schlaftiefe und/oder Störungen des Traumschlafs führen.

Ferner können äußere Umstände, die auf das Nervensystem wirken, den Schlaf behindern, vor allem Lärm, aber auch falsch ausgestattete Betten, ungünstiges Klima im Schlafraum oder zu schweres und spätes Abendessen. Die äußeren Störungen müssen so gut wie möglich beseitigt werden, damit die Grundvoraussetzungen für erholsamen Schlaf entstehen. Darüber sprechen Sie bei Bedarf mit dem Therapeuten.

Autosuggestionen helfen am besten bei seelisch-nervös verursachten Schlafstörungen. Als **Grundformel** wendet man an:

»Ich schlafe gut und tief die ganze Nacht – erwache am Morgen (oder genaue Uhrzeit angeben) frisch, munter und gut erholt.«

Dadurch bessern sich die meisten Schlafstörungen bald. Bei bestimmten Schlafbehinderungen können bei Bedarf gezielte Formulierungen verwendet werden:

Beispiele

Einschlafstörungen:
»Ich sinke rasch in tiefen Schlaf – erwache morgens gut erholt.«

Durchschlafstörungen mit nächtlichem Erwachen:
»Ich schlafe tief die ganze Nacht durch – erwache um ... (Uhrzeit) frisch und munter.«

Verminderte Schlaftiefe ohne nächtliches Erwachen:
»Ich schlafe tief und fest – erhole mich gut.«

Zu frühes Erwachen oder wenn man müde und abgespannt aufwacht:
»Ich erwache um ... (Uhrzeit) frisch, erholt und fit.«

Wenn Sorgen, Probleme und ähnlicher Streß den Schlaf behindern, kann die Vorstellung helfen:
»Gedanken (oder Sorgen, Probleme und ähnliches) völlig gleichgültig – ich schlafe tief und fest, erwache frisch, munter und gut erholt.«

Falls Lärm (den man möglichst abstellt) den Schlaf behindert, verwendet man folgende Vorstellung:
»Ich schlaf rasch ein und tief durch – erwache frisch und erholt, Lärm vollkommen gleichgültig.«

Versuchen kann man auch die folgende Formulierung gegen lärmbedingte Schlafstörungen:
»Lärm vollkommen gleichgültig – vertieft den Schlaf.«

Ergänzen kann man diese Suggestionen bei Bedarf durch unschädliche Naturheilmittel, vor allem **Baldrian** und **Hopfen**. Chemische Schlafmittel sollten Sie vermeiden; sie erzwingen einen künstlichen, weniger erholsamen Schlaf und können zu erheblichen Nebenwirkungen bis hin zur Sucht führen. Gegen den Mißbrauch von Schlafmitteln versucht man die folgende Suggestion:

Schlafmittel-mißbrauch

»Schlafmittel (oder Name des Medikaments) vollkommen gleichgültig – Verzicht verbessert den Schlaf, ich schlafe tief und fest.«

Selbsthypnose gegen Schlafstörungen kann lange Zeit fortgeführt werden, bis sich der natürliche Schlaf-Wach-Rhythmus wieder eingependelt hat. Kehren später einmal Schlafstörungen zurück, beginnen Sie sofort wieder mit der Selbsthypnose und der entsprechenden Autosuggestion.

Depressive Verstimmungen

Bei Depressionen, die in den westlichen Industrienationen immer häufiger vorkommen, kann Selbsthypnose gut helfen, aber auch völlig versagen. Das hängt von den Ursachen und vom Verlauf ab. Am besten bewährt sich die positive Vorstellungskraft bei den leichteren **reaktiven** Depressionen, die wir alle hin und wieder als Folge äußerer Einflüsse erleben, zum Beispiel bei Enttäuschungen, Mißerfolgen, Trennungen, Todesfällen in der Familie und ähnlichen Belastungen. In solchen Fällen treten Schwermut, Pessimismus, mangelnde Lebensfreude und andere seelische oder auch körperliche Symptome der Depression als natürliche Reaktion auf. Man leistet **Trauerarbeit**, um das als negativ empfundene Ereignis zu verarbeiten.

Am besten wirkt die Selbsthypnose bei reaktiven Depressionen, die als Folge äußerer Umstände eintreten.

Solche akuten, unterschiedlich lang dauernden depressiven Phasen sollen möglichst nicht massiv durch Arzneimittel unterdrückt werden. Diese können zwar helfen, be- und verhindern jedoch die Verarbeitung der auslösenden Einflüsse. Sie werden nicht bewältigt, sondern lediglich ins Unbewußte verdrängt. Daraus können sie dann noch lange mit unklaren seelischen und körperlichen Beschwerden nachwirken. Da deren Ursachen nicht mehr bewußt sind, können sie nicht weiter verarbeitet werden.

Autosuggestion versucht nicht, die Trauerarbeit zu unterdrücken. Die geeigneten positiven Vorstellungen aktivieren vielmehr die psychischen Selbstheilungsregulationen. Dadurch werden die Ursachen der Depression rascher und gründlicher verarbeitet, danach können sie nicht mehr stören.

Gut bewährt sich in der Praxis oft die folgende Vorstellung, die auch Elemente des Couéismus enthält:

Depressionen

> **»Trübe Gedanken weichen, das geht vorbei, das geht vorbei – ich lebe frei und froh.«**

Anstelle dieser Formulierung können Sie auch die folgende verwenden, die insbesondere dann gut wirkt, wenn negative Erfahrungen überwunden werden müssen:

Negative Erfahrungen

> **»Sicher, froh und heiter führe ich mein Leben weiter – fühle mich sicher, wohl und geborgen.«**

Variieren Sie diese Beispiele, bis die Formulierung Ihnen gefällt. Damit arbeiten Sie dann regelmäßig, bis die Depression vollständig überwunden ist. Das hilft zwar nicht so rasch wie ein chemisches Arzneimittel, aber umfassender und tiefgreifender. Die Überwindung der Depression aus eigener Kraft schützt überdies meist besser vor Rückfällen.

Weniger gut wirkt Autosuggestion bei **endogenen** Depressionen, die sich nicht als Reaktion auf äußere Umstände erklären lassen. Man geht heute davon aus, daß in solchen unklaren Fällen eine Störung der Neurotransmitter (Botenstoffe) im Gehirn als Grundursache besteht, die anlagebedingt sein kann. Diese Krankheit kann oft nur durch fachlich verordnete Antidepressiva erfolgreich behandelt werden.

Endogene Depressionen lassen sich mit Autosuggestion nur selten in den Griff bekommen.

In leichteren Fällen sorgt vielleicht auch die Autosuggestion dafür, daß die Neurotransmitter wieder normalisiert werden; ein Versuch lohnt sich jedenfalls, ehe chemische Arzneimittel verabreicht werden. Tritt nicht bald eine erste Wirkung ein, sind Medikamente meist unverzichtbar.

Keine Wirkung erzielt die Selbsthypnose bei **schweren** Depressionen. Dann gelingt es nämlich überhaupt nicht mehr, positive Vorstellungen zu entwickeln. Zu stark beherrscht die Depression das seelisch-geistige Leben. Nur der Therapeut kann dann entscheiden, welche Behandlung erforderlich ist, um die quälende Depression zu lindern.

Angst und Panikzustände

Ein bestimmtes Maß an Angst ist für den natürlichen Selbsterhaltungstrieb unerläßlich.

Die Angst, ein unangenehm bis quälend erlebtes Gefühl, gehört im Grunde (ähnlich wie der Schmerz) zu den natürlichen Selbstschutzmechanismen. Sie soll uns vor Gefahren und unkalkulierbaren Risiken warnen. Diese »normale« Angst ist also nützlich und darf nicht unterdrückt werden. Man muß zu erkennen versuchen, was sie zum Ausdruck bringt, um die Gefährdung zu vermeiden. Danach verliert die Angst ihre Bedeutung und verschwindet von selbst wieder.

Viele Angstzustände treten heute aber ohne nachvollziehbare Ursache auf. Sie warnen dann nicht, sondern belasten das Leben unnötig. Natürlich erfüllen auch solche Ängste einen Zweck, indem sie zum Beispiel auf verdrängte psychische Probleme hinweisen. Da dieser Zusammenhang jedoch nicht bewußt ist, kann diese unklare Angst auch nicht helfen.

Panikzustände als Sonderform der Angst treten akut sehr heftig auf und setzen die bewußte Kontrolle des Verhaltens und Handelns weitgehend außer Kraft. Manche Menschen werden dadurch »wie gelähmt«, viele reagieren aber mit sinn- und zielloser Aktivität, die sogar lebensbedrohlich werden kann. Typisches Beispiel ist die Panik, die bei einem Brand in einer Menge ausbrechen kann. Selbst wenn es sich nur um ein ungefährliches kleines Feuer handelt, bei dem objektiv kein Anlaß zur Panik besteht, kann sich die Angst rasch in der Menge ausbreiten und zur kopflosen Flucht Richtung Ausgang führen. Dabei werden oft rücksichtslos alle Hindernisse (auch Menschen) niedergetrampelt.

Panische Angst tritt aber nicht nur in Menschenmengen auf. Sie kann auch bei einzelnen Menschen akut vorkommen und zu sinnlosen, selbstgefährdenden Reaktionen führen.

Wichtig

Wenn schwerere Angstzustände oder akute starke Panik bestehen, hilft die Selbsthypnose kaum. Zu stark beherrscht die Angst dann Denken, Fühlen und Verhalten, positive Vorstellungen können nicht mehr entwickelt und eingeprägt werden. In solchen Fällen kann nur die fachliche Psychotherapie wirken. Ihr soll eine gründliche körperliche Untersuchung vorangehen, denn manche Angstzustände erklären sich aus organischen Erkrankungen, zum Beispiel Herz-Kreislauf-Störungen.

Nur in leichteren Fällen kann Selbsthilfe durch Autosuggestion versucht werden. Dabei geht es nie darum, die Angst zu unterdrücken und zu verdrängen. Dadurch könnte sie sich noch erheblich verschlimmern. Vielmehr muß sie angenommen und aktiv bewältigt werden, nur dann überwindet man sie auf Dauer. Das fällt manchmal so schwer, daß fachliche Hilfe angezeigt ist.

Bei leichteren Angstzuständen wendet man am besten die **Indifferenzformel** an, ergänzt durch Vorstellungen von Ruhe und Lebensmut:

Angstzustände

> **»Angst vollkommen gleichgültig – ich lebe frei und sicher und mutig.«**

Als Variante eignet sich vielleicht die folgende Vorstellung individuell besser:

> **»Angst vollkommen gleichgültig – immer und überall bleibe ich ruhig, stark und mutig.«**

Solche Vorstellungen entschärfen die Angst, man kann sich ihr stellen und sie schließlich bewältigen, ehe man davon überwältigt wird. Bei akuten Panik- und Angstzuständen kann die Autosuggestion ebenfalls gut helfen. Oft empfiehlt sich dann aber die Technik der **paradoxen Intention**. Dabei versucht man, die aufsteigende Angst bewußt gewollt zu verstärken, damit innere

Widerstände dagegen entwickelt werden. Man nimmt sich dabei zum Beispiel intensiv vor:

»Ich will die Angst ganz intensiv spüren und sie immer mehr verstärken – dabei bin und bleibe ich ruhig, gelassen und sicher.«

Keinesfalls darf dieser Vorsatz aber als Suggestion verwendet werden, sonst verstärkt sich die Angst unter Umständen tatsächlich. Bleiben Sie sich dabei immer bewußt, daß Sie durch Willensanstrengung einen Zustand herbeizuführen versuchen, den Sie tatsächlich überhaupt nicht wollen. Bei richtiger Anwendung wird die Willensanspannung die Angst nicht verstärken, sondern Widerstände als Ausdruck der psychischen Abwehrreaktionen auslösen. Damit bricht die Angst meist rasch in sich zusammen. Gelingt das nicht, unterbrechen Sie die paradoxe Intention und sprechen Sie mit einem Therapeuten über Ihre Situation.

Tip

Da die paradoxe Intention zwar akute Angst- und Panikanfälle unterbricht, jedoch nicht die Ursachen beseitigt, darf man sich damit nicht begnügen. In der anfallsfreien Zeit führen Sie die Autosuggestion in der oben beschriebenen Weise regelmäßig durch. Dabei werden die Wurzeln der Angst erfaßt und allmählich überwunden.

Hemmungen, Unsicherheit

Eine Gesellschaft »funktioniert« nur auf der Grundlage einiger Hemmungen. Man kann in der Gemeinschaft nicht ungehemmt allen Stimmungen, Bedürfnissen, Wünschen und ähnlichen Bestrebungen freien Lauf lassen, ohne die Rechte anderer unzulässig einzuschränken. Diese natürlichen und nützlichen **sozialen Hemmungen** werden vor allem durch Erziehung zu sozial verträglichem Verhalten begründet.

Allerdings gibt es zahlreiche Hemmungen, die das Leben unnötig beschränken, die Selbstbehauptung und Selbstverwirklichung übermäßig behindern. Sie erklären sich meist aus sozialen Ängsten, Minderwertigkeitsgefühlen, Mangel an Selbstsicherheit und Selbstvertrauen. Dadurch wird die Selbstbestimmung und Selbstverwirklichung stark reduziert, Zufriedenheit und Lebensglück be- und verhindert. Gegen solche sinnlosen Hemmungen muß man gezielt angehen. Selbsthypnose mit ermutigenden positiven Autosuggestionen kann dabei viel helfen.

Hemmungen, die das Leben unnötig beschränken, lassen sich durch Autosuggestionen abbauen.

Manche Hemmungen, vor allem die in der frühen Kindheit durch Fehler der Erziehung eingeprägten, lassen sich aus eigener Kraft schwerlich überwinden. Sie sind tief in der Persönlichkeit verankert und schränken auch die Fähigkeit zur positiven Selbstbeeinflussung in Trance deutlich ein. In solchen Fällen kann nur fachliche Psychotherapie helfen.

Bei den meisten Menschen liegen aber einfachere Hemmungen vor, die zum Teil im Lauf des Lebens durch ungünstige Erfahrungen geprägt wurden. Diese sprechen auf Autosuggestionen meist gut an, weil die dabei aktivierten psychischen Selbstheilungskräfte die Behinderungen überwinden können.

Die dazu notwendigen Vorstellungen müssen individuell formuliert werden. In der Praxis bewährt sich zum Beispiel:

Hemmungen

»Immer und überall Ruhe und Gelassenheit – ich lebe frei, sicher und selbstbewußt, vertraue auf mich selbst.«

Diese allgemeine Vorstellung kann Hemmungen und Unsicherheiten allmählich beseitigen. Wenn das Gefühl der Unterlegenheit und Minderwertigkeit im Vordergrund steht, kann oft die folgende Suggestion besser wirken:

Minderwertigkeit

»Mein Leben ist wertvoll – ich vertrete mein Recht sicher und ruhig.«

Solche Vorstellungen können noch verstärkt werden, wenn man gleichzeitig an der vertieften Selbsterkenntnis arbeitet (Beispiele siehe Seite 114). Wer durch bessere Selbsterkenntnis lernt, sich selbst zu verstehen und anzunehmen, wird im Lauf der Zeit sicherer und selbstwußter in sich ruhen. Das erfordert allerdings einen längeren Lernprozeß mit regelmäßiger Autosuggestion. Die seelischen Verletzungen und negativen Erfahrungen eines Lebens lassen sich nicht einfach mit einigen Übungen überwinden.

Sorgen und Konflikte

Ein Leben ohne Sorgen, Probleme, Konflikte und Krisen muß Illusion bleiben. Man kann sich nicht in ein »Paradies« zurückziehen, in dem stets Frieden und Freude herrschen. Das wäre auch nicht erstrebenswert, denn die Persönlichkeit reift und entwickelt sich nur, wenn sie solche Schwierigkeiten erträgt und bewältigt. Wer das nicht akzeptiert, erlebt immer wieder herbe Enttäuschungen, wird allmählich verbittert und findet überhaupt keine Lebensfreude mehr.

Die Aufgabe der Selbsthypnose darf also nie darin bestehen, Sorgen und Konflikten aus dem Weg zu gehen. Dazu müßte man alle eigenen Bedürfnisse, Wünsche und Ziele unterdrücken, sich völlig äußeren Ansprüchen anpassen. Psychische und körperliche Krankheiten wären die unausbleibliche Folge.

Entscheidend ist vielmehr, richtig mit den Problemen des Lebens umzugehen, damit sie neue Entwicklungen in Gang setzen. Die Grundvoraussetzung dafür besteht darin, sie so lange zu bearbeiten, bis sie dauerhaft zufriedenstellend bewältigt wurden.

Sorgen und Konflikte gehören zum Leben; Ziel der Selbsthypnose ist es, sie nicht zu verdrängen, sondern Lösungen zu entwickeln.

Diese Aufgabe ist natürlich unbequemer als die bloße Verdrängung der Probleme aus dem Bewußtsein. Aber verdrängte Schwierigkeiten werden nicht bewältigt und leiten keine positiven Entwicklungen ein. Im Unbewußten bleiben sie weiterhin aktiv und können das gesamte Leben erheblich stören, ja sogar Krankheiten verursachen. Dieser Zustand ist besonders quälend, weil man die verdrängten Ursachen nicht mehr nachvollziehen kann.

Selbsthypnose hilft meist gut bei der Bewältigung von Sorgen und Konflikten. Welche Suggestionen dazu erforderlich sind, richtet sich nach den Umständen des Einzelfalls. Im Vordergrund steht die Motivation zur Annahme und aktiven Verarbeitung der Schwierigkeiten. Dazu kann man sich zum Beispiel suggerieren:

Konfliktlösung

> **»Ich nehme den Konflikt (oder Problem, Sorge, Krise und ähnliches) bewußt an – Lösung gelingt rasch und gut.«**

Wenn an Schwierigkeiten mehrere Personen beteiligt sind, empfiehlt sich oft eine Suggestion, die zur kooperativen Lösung beiträgt, zugleich aber die eigenen Bedürfnisse selbstbewußt wahrt:

> **»Ich nehme den Konflikt (oder ähnliches) bewußt an, behaupte mich und respektiere andere – wir finden den richtigen Weg.«**

Vielfach kann das Unbewußte auch gezielt angeregt werden, Vorschläge zur Lösung zu entwickeln. Das wird zwar schon durch die obigen Vorstellungen automatisch erreicht, kann aber durch spezielle Suggestionen noch verbessert werden. Fügen Sie einer der obigen Vorstellungen zum Beispiel die folgende Suggestion an:

> **»Ich erkenne den rechten Weg im Einklang mit mir selbst – Einfälle strömen mir zu, ich nehme sie an.«**

So wird vor allem Kreativität aktiviert, die eingefahrene Denk- und Verhaltensmuster aufbricht, damit neue Lösungsansätze gefunden werden. Sie mögen zunächst oft nicht durchführbar oder verblüffend erscheinen, aber wenn man sich auf einen Versuch damit einläßt, werden sie häufig zu sehr guten Ergebnissen führen.

Läßt sich im Augenblick keine zufriedenstellende Lösung finden, kann Autosuggestion zumindest helfen, die Problemsituation leichter zu ertragen, bis sie später doch noch bereinigt wird. Dazu können Sie zum Beispiel die Suggestion verwenden:

»Ich nehme den Konflikt (oder ähnliches) bewußt an – lebe leicht und unbeschwert damit.«

Das beugt auch der Verdrängung vor, die zu unklaren körperlichen und psychischen Beschwerden führen könnte.

Nicht alle Sorgen, Konflikte, Probleme und Krisen müssen so aufwendig be- und verarbeitet werden. Die meisten alltäglichen Schwierigkeiten lassen sich durch Überlegung und Einigung mit anderen Betroffenen beilegen. Alle ernsteren Konflikte indes, die weitreichende Auswirkungen auf das gesamte Leben nehmen, sollten in der oben beschriebenen Weise bearbeitet und gelöst werden. Nur so findet man den individuell richtigen Weg und steht überzeugt hinter der Lösung.

Psychosomatische Krankheiten

Körper, Geist und Seelenleben stehen in ständiger enger Wechselbeziehung. Psychisch-geistige Vorgänge beeinflussen über das vegetative Nervensystem und die Hormondrüsen zahlreiche körperliche Funktionen, organische Vorgänge wirken sich auf Geist und Seelenleben aus. Das mußte nicht erst durch die wissenschaftlichen Erkenntnisse der psychosomatischen Medizin bestätigt werden, sondern gehört zu den seit langem bekannten Erfahrungen des Alltags. In zahllosen Volksweisheiten kommt das zum Ausdruck, man denke an Sprüche wie: »Kummer bricht das Herz«, die »Aufregung schlägt auf den Magen«, man ist »vor Gram gebeugt«, die »Angst sitzt im Nacken« und viele ähnliche.

Die offizielle Medizin tut sich noch immer schwer mit psychosomatischen Krankheiten. Ein Patient ohne Befunde paßt nicht in den Medizinbetrieb und wird rasch als **Hypopchonder** abgetan, wenn alle Untersuchungen und Therapieversuche ergebnislos bleiben. Aber das spricht nicht gegen die Betroffenen. Es ist ein Armutszeugnis für die übliche Medizin, die verlernt hat, den kranken Menschen ganzheitlich zu verstehen. Dabei fällt es relativ leicht, eine psychosomatische Krankheit zu vermuten. Typisch dafür sind hauptsächlich die folgenden Merkmale:

Kennzeichen psychosomatischer Krankheiten

- Unklare Beschwerden, die häufig wechseln und für die trotz umfassender Untersuchungen keine organischen Ursachen nachzuweisen sind.
- Unzulängliche oder ausbleibende Wirkung von Arzneimitteln, die bei organischen Erkrankungen normalerweise gut helfen.

Wenn diese beiden Kriterien bestehen, muß zwar nicht zwangsläufig eine psychosomatische Krankheit vorliegen, aber der dringende Verdacht ist gegeben. Das muß dann durch geeignete Untersuchungen genau abgeklärt werden.

Das verbreitete Vorurteil, psychosomatische Leiden seien »eingebildete« Krankheiten, ist unzutreffend und ungerecht gegenüber den Betroffenen. Sie bilden sich ihre Beschwerden keineswegs nur ein, simulieren sie auch nicht, sondern leiden subjektiv tatsächlich darunter. Zum Teil kann eine psychosomatische Erkrankung stärkere Beschwerden als ein »echtes« organisches Leiden hervorrufen. Und **harmlos** sind solche Krankheiten auch nicht. Abgesehen vom psychischen Leidensdruck können die dauernden Fehlfunktionen innerer Organe im Lauf der Zeit tatsächlich zur körperlichen Erkrankung führen. Eine Therapie ist auch aus diesem Grund unbedingt notwendig.

Prinzipiell kommt Selbsthilfe durch Autosuggestionen bei psychosomatischen Krankheiten durchaus in Frage. Sie kann sogar unverzichtbar sein, wenn die übliche Therapie versagt, weil die seelischen Hintergründe der Erkrankung nicht berücksichtigt werden. Aber es besteht auch das Risiko, daß eine Krankheit irrtümlich als psychosomatisch gedeutet und durch Suggestionen nur unzulänglich behandelt wird, bis vielleicht überhaupt keine wirksame Hilfe mehr möglich ist (siehe Seite 61).

Wichtig

Gehen Sie kein Risiko ein, indem Sie körperliche Beschwerden selbständig durch Autosuggestion behandeln, wenn es sich nicht offensichtlich um eine banale akute Krankheit handelt, die rasch wieder verschwindet. Beim geringsten Zweifel suchen Sie den Therapeuten zur gründlichen Untersuchung und gezielten Behandlung auf.

Auch wenn Selbsthypnose angezeigt ist, soll bei den meisten Krankheiten eine fachliche Überwachung des Krankheitsverlaufs erfolgen. Im Idealfall finden Sie einen Therapeuten, mit dem Sie die individuell richtigen Suggestionen erarbeiten und einprägen können. Im folgenden führen wir einige psychosomatische Erkrankungen an und geben bewährte Beispiele zur Suggestion. Nach diesen Musterformulierungen können Sie auch bei anderen Krankheiten die individuell richtigen Vorstellungen erarbeiten.

Herzbeschwerden stehen besonders häufig mit psychischen Einflüssen in Beziehung, weil das Herz in der Vorstellung der Menschen traditionell als Sitz der Seele und Gefühle gilt. Zu den häufigsten funktionellen Herzstörungen gehören **Herzangst** und **Herzneurose**, die vor allem durch Ängste, Spannungen, Konflikte, Sorgen und Enttäuschungen entstehen. Dagegen kann die **Indifferenzformel** wie folgt eingesetzt werden:

Herzangst

»Ruhe und Gelassenheit – Herz vollkommen gleichgültig.«

Gut eignet sich aber auch eine andere individuelle Vorstellung, die das Herz beruhigt, zum Beispiel:

Herzinfarkt

»Ich bin ruhig, gelassen und mutig – Herz arbeitet ruhig und regelmäßig.«

Auch zur **Infarkt-Vorsorge** und **-nachbehandlung** empfiehlt sich die Autosuggestion, denn am Herzinfarkt sind seelisch-nervöse Faktoren (wie hoher Streß) meist beteiligt. Als Generalformel verwendet man zum Beispiel:

»Herz arbeitet ruhig, regelmäßig und kräftig.«

Sie wird ergänzt durch Formulierungen, die sich gezielt gegen ungünstige Einflüsse auf das seelisch-nervöse Befinden richten, zum Beispiel:

»Immer und überall Ruhe und Gelassenheit – Aufregungen (oder Ärger, Sorgen und ähnliches) vollkommen gleichgültig.

Dadurch werden einige der seelisch-nervösen Infarktrisiken deutlich verringert.

Atembeschwerden erklären sich ebenfalls oft aus psychischen Faktoren, die durch Selbsthypnose abgebaut werden können. Eine typische psychosomatische Erkrankung im Bereich der Atmungsorgane ist das **Bronchialasthma**, das teils als Allergie, teilweise aber auch aus psychischen Einflüssen entsteht. Dagegen kann zum Beispiel die Formulierung helfen:

Bronchialasthma

»Atmung vollkommen gleichgültig – tief, ruhig und regelmäßig.«

Sie empfiehlt sich besonders in den anfallsfreien Zeiten, um Schwere und Häufigkeit der Asthmaanfälle zu verringern. Geübte können auch den akuten Anfall durch Autosuggestion mildern, aber das erfordert fachliche Anleitung.

Nervöser Schnupfen durch Fehlsteuerung der Nasendurchblutung steht mit verschiedenen psychischen Einflüssen in Beziehung; umgangssprachlich sagt man, jemand sei »verschnupft«. Die Suggestion dagegen lautet zum Beispiel:

Nervöser Schnupfen

»Ruhe und Gelassenheit – Nasenatmung frei und leicht, Stirn kühl.«

Konsequentes Training mit dieser Formulierung, ergänzt durch medizinische Therapie, kann auch hartnäckigen nervösen Schnupfen allmählich heilen.

Heuschnupfen entsteht primär als allergische Reaktion, darüber hinaus spielen aber oft auch psychische Einflüsse eine Rolle. Die medizinische Therapie kann durch die beim nervösen Schnupfen genannte Suggestion wirksam ergänzt werden. Wenn es gelingt, die seelischen Faktoren genauer zu klären, werden gezielte positive Vorstellungen dagegen angewendet.

Husten bringt zum Beispiel Verlegenheit oder Aggressionen zum Ausdruck und läßt sich dann allein durch die übliche medizinische Behandlung nicht ausreichend beeinflussen. Ergänzend wendet man die folgende Formel an:

Husten

»Husten vollkommen gleichgültig – Atmung ruhig, gelassen und tief.«

Dadurch kann der seelisch-nervöse Husten allmählich geheilt werden. Unterstützend empfehlen sich pflanzliche Hustenmittel nach fachlicher Verordnung.

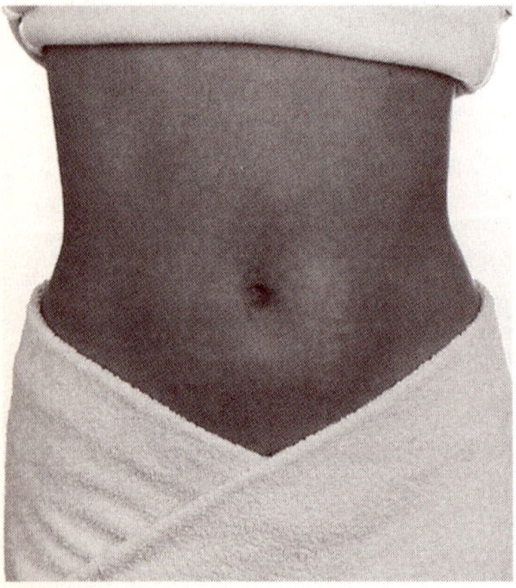

Verdauungsstörungen lassen sich mit Selbsthypnose sehr gut in den Griff bekommen.

Verdauungsstörungen sprechen auf Autosuggestionen oft sehr gut an, wenn seelisch-nervöse Ursachen im Vordergrund stehen. Die wichtigsten Heilanzeigen in diesem Organsystem sollen noch genauer vorgestellt werden.

Erbrechen beeinflußt man durch Suggestionen, die Speiseröhre und Magen ansprechen:

»Ruhe und Gelassenheit – Speiseröhre arbeitet normal, Magen behält alles.«

Durchfall mit zu häufiger und/oder dünner Stuhlentleerung, der nicht durch eine Infektion (beispielsweise durch Salmonellen oder Amöben) entstanden ist, wird durch die Vorstellung behandelt:

»Ruhe und Gelassenheit – Darm arbeitet ruhig und regelmäßig, Enddarm behält alles.«

Manchmal kann diese Suggestion allerdings zur Verstopfung führen, dann verzichtet man auf den Zusatz *»Enddarm behält alles«*.

Stuhlverstopfung, die nicht durch Umstellung der Ernährung auf ballaststoffreichere Kost beseitigt werden kann, erklärt sich häufig aus seelisch-nervösen Verkrampfungen des Darms. Dagegen kann folgende Suggestion helfen:

»Ich bin ruhig und entspannt – Leib angenehm strömend warm, Stuhlgang erfolgt nach dem Aufstehen (oder genaue Uhrzeit angeben).«

Verstopfung

Blähungen entstehen bei nervösen Menschen oft durch Luftschlucken mit Verkrampfung der Speiseröhre. Dieser Zustand kann durch folgende Suggestion gebessert werden:

»Ruhe und Gelassenheit – Speiseröhre arbeitet ruhig und locker, Darm gelöst und frei.«

Blähungen

Zusätzlich kann eine Diät angezeigt sein, die alle blähenden Speisen und Getränke strikt vermeidet, bis das Problem überwunden wurde.

Auf weitere Anwendungsmöglichkeiten muß hier nicht mehr eingegangen werden. Zum Teil erwähnten wir sie bereits bei der ergänzenden Therapie körperlicher Krankheiten. Sie finden immer die individuell richtige Formulierung, wenn Sie eine Kombination aus Suggestionen verwenden, die sich einmal gegen die Symptomatik, zum anderen gegen die seelisch-nervösen Ursachen richten.

Sachregister